司法部课题《社会管理视阈下的社会组织法制建设研究》（课题编号：12SFB2049）的阶段性成果

河北经贸大学社会管理德治与法治协同创新中心研究成果

社会组织建设的法治化路径

王利军 等 著

中国检察出版社

图书在版编目（CIP）数据

社会组织建设的法治化路径/王利军等著．—北京：中国检察出版社，2013.11
（经贸法学论丛）

ISBN 978 – 7 – 5102 – 1097 – 6

Ⅰ．①社…　Ⅱ．①王…　Ⅲ．①社会组织管理 – 法治 – 中国 – 文集　Ⅳ．①C916 – 53

中国版本图书馆 CIP 数据核字（2013）第 298685 号

社会组织建设的法治化路径

王利军 等　著

出版发行：中国检察出版社
社　　址：北京市石景山区香山南路 111 号（100144）
网　　址：中国检察出版社（www.zgjccbs.com）
电　　话：（010）68650028（编辑）　68650015（发行）　68636518（门市）
经　　销：新华书店
印　　刷：保定市中画美凯印刷有限公司
开　　本：A5
印　　张：7.875 印张　　插页 4
字　　数：217 千字
版　　次：2013 年 11 月第一版　　2013 年 11 月第一次印刷
书　　号：ISBN 978 – 7 – 5102 – 1097 – 6
定　　价：22.00 元

总　序

燕赵大地，人杰地灵。河北经贸大学就坐落在太行山脚下风景秀丽的滹沱河畔。它以经济、管理和法学学科为支柱，是省属综合性重点大学之一。生生不息的滹沱河水，孕育着一代代经贸学人，也孕育着法学院的法律学人和学子们。

正是这种无息的孕育，使法学院的学人们在这块田园里春夏秋冬不辞劳苦、辛勤耕作和无私奉献，也正是这种耕作与奉献，使得法学学科这棵幼苗得以快速成长，从1993年其前身经济法系成立到今天初具规模的法学院，经过12年的努力，已拥有民商法、经济法、国际法、刑法和法理学五个硕士点和法律硕士一个在职硕士点。年轻的法学院充满朝气与活力，集聚和培养了一群风华正茂、立志为学的年轻学者，他们分别毕业于不同的学校，汇集了全国各大重点院校的不同学术风格，吮吸着京畿大地丰厚的历史文化滋养。他们以无私无畏的精神白手起家，充分发挥着自身的后发优势，他们还利用环绕北京、贴近祖国心脏的地缘优势，关注和感受着法学前沿问题和法治社会的重大事件。他们与这个伟大的时代同呼吸、共命运。尽管他们所在的还算不上名门名校，但他们正在凭借自身的力量与智慧，努力争得一席之地。

法学院的发展关键在于学科建设，学科建设的基础关键在于学术成果的支撑，而学术成果的取得在于法律学人不断地发现问题、思考问题和解决问题，在于对学术价值的正确判断和刻苦追求。正是在这种理念下，法学院的学人们刻苦追求，努力奋斗，不断进取，在教学和科研上取得了可喜的成绩。为了展示和反映河北经贸大学法学院的科研实力和最新研究成果，发现和支持新人新作，鼓励和培养科研精神，加强学科建设，就要开拓一个固定的园地或搭建一个平台，给法学院学人们提供一个展示和创新的机会，这就是出版本论丛的目的所在。

河北经贸大学法学院与中国检察出版社共同组织出版这套《经贸法学论丛》。之所以命名为《经贸法学论丛》主要有两个方面的考虑：其一，"经贸"是河北经贸大学之意，因为河北经贸大学是这套丛书的发起者；其二，"经贸"是经济贸易的简称，从选题范围来说，这套丛书主要包括民商法、经济法和国际经济法，同时也兼顾其他法律部门，不受部门法划分的局限。今后，我们计划每年陆续安排若干种课题的读物出版，使这套论丛更加完善和丰满。

在这套《经贸法学论丛》出版之际，我们衷心感谢中国检察出版社领导与编辑朋友们的信任与支持，是他们给我们创造了这个平台，提供了机会。我们也殷切期望这套丛书能得到社会各界的支持与关注，同时，真诚欢迎来自各方面的批评与指教，所有这些都将成为激励和鞭策我们继续前行的力量。

柴振国

2009 年 8 月

前　言

　　社会组织是社会个体为了一定的目标自愿组成的社会结构体。在现代社会中，社会组织对于保障社会主体的自由权利，制约国家权力具有十分重要的价值和功能。我国社会正处于一个急剧转型的关键时期，许多国家的发展进程表明，急剧转型时期往往是社会矛盾的多发期，而社会组织能够在增进社会容忍度，促进社会和谐，维护社会稳定中发挥重要作用，在创新社会管理中具有政府和市场均不可替代的重要作用。因此，如何妥善建构社会组织，充分发挥其在社会管理中的作用，是现代国家必须正视的议题。目前我国社会组织的法律规制还较为滞后，已无法适应社会组织快速发展的需要，因此，探索社会组织建设的法治路径化就显得尤为重要。

　　本书从社会组织法制建设的宏观视野、历史视域、专题探讨、实践探索等方面对社会组织建设的法治化路径进行了分类研究。这是我们承担的司法部国家法治与法学理论研究项目《社会管理视阈下的社会、组织法制建设》的阶段性成果，也是河北经贸大学社会管理德治与法治协同创新中心的成果。不足之处，敬请大家批评指正。

作　者

2013 年 11 月于石家庄

目　录

宏观视野

历史视域

专题研究

实践与探索

宏观视野

论我国公司社会责任的社会组织
促进机制[*]

郭广辉　戎素云^{**}

摘　要　公司社会责任是公司在创造利润、对股东承担法律责任的同时，还要承担对员工、消费者、债权人、环境资源以及社区和社会公益的责任。要把公司社会责任落到实处，首先要求公司自觉将其落实到治理的各个环节中，同时也离不开政府引导推动和各种社会组织的广泛参与和监督。社会组织的促进是落实公司社会责任的重要一环。

关键词　公司社会责任　社会组织　行业协会　消费者协会

一、公司社会责任及其实现机制

公司社会责任（corporate social responsibility，简称 CSR）是指企业在创造利润、对股东承担法律责任的同时，还要承担对员工、消费者、债权人、环境资源以及社区和社会公益的责任。

公司承担社会责任的理念经 20 世纪 30 年代哈佛大学多德教授第一次提出，到 80 年代企业社会责任运动在欧美发达国家逐渐兴起，90 年代后，各种生产守则、社会责任标准纷纷出台，企业社会责任问题日益引起世人关注。经历了多起重大企业社会

　*　本文为河北省教育厅人文社科立项研究项目"和谐社会语境下的公司社会责任研究"成果。

　**　郭广辉，河北经贸大学法学院院长，教授，博士；戎素云，河北经贸大学商学院教授，博士。

责任事故和 2004 年"民工荒"后的中国社会，企业社会责任问题也日益成为社会关注的焦点。2005 年修订的《公司法》第 5 条还增设了公司应当履行社会责任的概括性规定。该条款被法学界称做"公司社会责任条款"。

尽管公司社会责任这一概念自其诞生之日起就备受争议，其中最主要的原因在于概念界定的不清晰。即使在这一概念的倡导者中，也未能就其形成一致公认的说法。但这些都不能否认公司社会责任的重要社会价值和现实意义。

公司社会责任包含丰富的内容。以其与公司联系的远近划分至少应当包括对本公司员工、消费者、债权人的责任，对环境资源、所在社区以及社会公益的责任。但公司社会责任不应包括对股东和政府的责任。尽管公司社会责任包括的内容仍在发展变化，但在特定历史阶段其边界应当是清晰的。

公司社会责任的性质比较复杂。可以说公司社会责任具有法律和道德两重属性。有些社会责任如对本公司员工、消费者、债权人以及环境资源的责任都属于法定责任，不仅公司法做了概括性规定，而且劳动合同法、消费者权益保护法、合同法和环境法等都做了具体规定。公司社会责任的其他内容则属于道德规范，不具有强制性。在公司实务中，公司社会责任可以理解为一种"公司治理义务"，它包括公司和公司机关的治理义务和董事、高管等管理人员的治理义务。"公司社会责任条款"不能成为其逃避其他法定或约定义务的免责事由。

公司社会责任要落到实处，离不开政府引导推动、企业自觉履行和社会组织参与监督的联动机制。

首先，公司必须自觉将其社会责任落实到治理的各个环节中。有效的公司治理结构应该包含企业社会责任的承担与实现机制，使其能够在面临决策时，综合考虑利益相关者的利益。可以说只有公司具备了这样的治理结构，才能形成实现其社会责任的微观基础。在这方面，公司应注意完善非股东相关者的参与，重新界定董事（会）的责任与权限，增强独立董事的作用等。

其次，政府应运用宏观调控手段，引导、推动和激励公司承担相应的社会责任。国家法律法规是公司社会责任的核心内容，也是政府推动社会责任的重要手段，政府应积极推进公司社会责任法制化，将公司社会责任的核心内容上升为法律规定，建立和完善公司社会责任的硬约束机制。此外，还应设立专门的公司社会责任管理机构、推动建立符合国情的公司社会责任认证体系、建立健全公司社会责任的信息披露机制、完善公益诉讼制度、完善政府对公司社会责任的监督机制、落实政府的监管责任。

此外，各种社会组织应广泛参与和监督公司履行社会责任。社会组织在公司社会责任机制建设中发挥着不可替代的作用。公司承担社会责任要充分发挥、行业协会、消费者协会、工会和舆论媒介等社会组织的作用。以公司对消费者的社会责任为例，有关的社会组织主要包括行业协会、消费者协会和包括仲裁机构、新闻媒体在内的其他社会组织。

二、有关社会组织及其现状

基于政府自身的功能性缺陷，自 20 世纪 60 年代以来，政府越来越遭到社会各界的质疑，美国《时代》周刊在其封面甚至提出了一个问题："政府死亡了吗？"美国著名政治经济学家文森特·奥斯特罗姆在分析了官僚制组织的严重缺陷后，提出"要把发展多组织安排看作是提供多种多样公益物品和服务的手段"的民主行政思想，并把社会治理方面出现的"社会为自己治理自己"称作"哥白尼式的转折点"，[①] 他从理论上倡导公民对国家事务管理的参与权和独立自治权。在 20 世纪 90 年代，西方新的政治分析框架，即治理和善治理论，开始变得日益引人注目。它意味着政治国家与市民社会的合作、政府与非政府的合作、公共机构与私人机构的合作、强制与自愿的合作。它是国家

---

① 文森特·奥斯特罗姆：《美国社会公共行政的思想危机》，上海三联书店 1999 年版，第 63 页、第 170 页。

权力向社会回归，增强政府对公民的回应性以及还政于民的理论表达和实际需求的反映。[1] 其结果必然是市民社会或民间社会的日益壮大及第三部门的蓬勃兴起。

陈宪先生等（1999）把计划体制下的社会结构定义为一种"一元二层"结构，而把现代工商社会的社会结构定义为"多元三层"结构。[2] 计划经济向市场经济的转型，实质上就是社会从"一元单层"结构向"多元三层"结构的过渡或复归。在这一过程中，私域范围将不断扩大，公域范围将不断缩小。相应地，出于对局部公共利益的诉求，社会经济主体在承认国家公共治理权力的同时，也必然将自身的部分私权让渡给自治性社会组织，以保障其私利的最大化。这样，自治性社团组织，在公权调整和私权转让的交互过程中，会逐步形成其自身的权力结构。因此，转型期社会组织的发展程度，在其他条件不变的前提下，与公域和私域的调整就构成了一种函数关系，即其与公域之间是一种此消彼长的负相关关系，与私域之间是一种此长彼长的正相关关系。[3]

由于我国长期处于"大政府、小社会"的强权政治体制下，因此，具有自治特性的社会组织发育非常迟缓。加之现行体制改革不到位，政府放权让利不彻底，产权结构中国有资本仍占很大比例等因素，社会组织的发展必然受到影响。在我国，与公司对消费者社会责任有关的社会组织有行业协会、消费者协会和包括仲裁机构、新闻媒体在内的其他社会组织。诚然，这些社会组织在促进公司社会责任方面发挥了不可否认的积极作用，但与现实需要相比却也存在下列问题：

---

① 朱秦：《社会中介组织的发展与政府公共管理模式的转变》，载《南京社会科学》2002 年第 1 期。

② 陈宪、徐中振：《体制转型和行业协会：上海培育和发展行业协会研究报告》，上海大学出版社 1999 年版，第 7—11 页。

③ 余晖：《行业协会及其在中国转型期的发展》，载《制度经济学研究》2003 年第 1 期。

（一）行业协会职能缺位和错位

行业协会在国外如欧洲、美国和日本的经济治理包括公司社会责任治理中发挥着日益重要的作用，因此引起广泛关注。在制度化很强的场合，它还被称为"私益政府"。行业协会治理是市场实现自发秩序的一种制度安排，它基于市场中企业降低交易费用的需要而出现，市场特性是其内在质的规定性。

Schneiberg 与 Hollingsworth（1990）对工商协会在治理经济活动中的重要作用总结为七点：通过创立许可程序并设定安全、质量和竞争的标准，建立治理市场行为的规范；通过检查和测试服务，行为监督以及传递有关发明、成本、价格、经济形势和政治发展的信息；通过设立消费者投诉办、建立仲裁和日常谈判制度；通过组织禁运、有选择地供应市场、政治表意以及其他的部门公共商品，协会能够发挥监督和实施规则，减少冲突和促进成员的选择能力；工商协会还能够展开游说，联合政府管理者制定和实施政策并协助政府管理经济和实施援助计划；通过建立标准合同、制定价格目录、组织联合的买卖，并管理和参与与工人的集体谈判，建立一种让行为人达成协议和建立交易条例的程序；通过分割区域和市场份额，联络买卖双方、开展能够使成员独享和分享利润、研究专利、劳动和剩余产出、协会能够发挥多种配置功能。① 从上述功能可以看出，工商协会可以在某种程度上替代国家的治理力量而有利于促进公司社会责任的落实。

但是与其他私序机制一样，行业组织也有其负面的作用，主要表现在由共谋和排他性的限制竞争和不正当竞争行为引起的低效率，以及实施犯罪性暴力所致的社会成本。（余晖，2003）一般而言，各种违竞行为的严重程度取决于协会组织的性质，区域垄断性的行业协会很容易把天然的协调能力转化为共谋的能力，实施有损于竞争者、客户、消费者的行为。

---

① 余晖：《行业协会及其在中国转型期的发展》，载《制度经济学研究》2003年第1期。

　　协会生成途径的差异也会影响协会的效率。我国行业协会的生成途径主要有三种：体制内生成、体制外生成和法律授权生成。其中体制外生成的协会是指由行业内企业自发自愿组成的民办性协会，以期通过自律管理和自我服务，求得公平的竞争环境，促进企业的发展，这种协会在我国占的比例很少，仅占10%；体制内生成的协会乃政府转变职能，通过分解和剥离行业主管部门，自上而下地培育行业协会，我国行业协会中大部分属于这种类型。就现实来看，由于体制内生成协会是在政府授权或委托下承担部分行业管理职能，其社会合法性欠缺，因此在得到企业认可和支持等方面不如体制外生成的协会，影响了其作用的发挥。而且体制内生成的协会官办色彩相当浓厚，致使协会性质发生变异，成为政企不分的"二政府"。行业协会热衷于收钱、评比、办会展等寻租活动，而疏于行业自律管理。中国保健食品协会因多次操纵对企业的乱排序、乱评比、乱收费而被民政部门注销就是例证。

　　行业协会治理因能力有限而弱化了其自律力量。行业协会的治理能力基于行业协会对行业知识和行业管理知识的掌握。知识不足势必使能力受到限制。据民政部门统计，目前我国登记在册的各级行业协会达3万多个，然而由于我国行业协会起步较晚，在众多行业协会中，具有一定影响力、工作开展正常的不足20%；基础一般、活动一般的占一半左右；基础较差、活动困难的达1/3。行业协会治理力量由此可见一斑。[①]

　　（二）消费者协会的制度安排不当

　　从中国消费者协会来看，其生成是在中央政府的直接参与下由国家工商管理总局、国家标准局和国家商检局提出申请并得到批准的情况下成立的，成立后挂靠在国家工商行政管理总局、业务上接受国家工商行政管理总局、国家标准局和国家进出口商品检验局的指导。地方消费者协会也是在各级政府的大力推动下成

---

① 贾俊：《变异的行会》，参见 www.Finance.sina.com，2004 年 4 月 13 日。

立的，成立后挂靠在各级工商管理部门。所以从性质上来看，其属于半官方半民间的性质。从作用上来看，中国消费者协会及各地消费者协会成立之后，作为广大消费者的代言人，始终站在第一线，为维护消费者的合法权益，指导消费者正确消费，成为中国保护消费者运动的中坚力量。但是，由于协会的半官方性质，协会在履行职责时存在着一些"道德风险"问题，比如被企业"俘获"而成为企业的代言人，从而做出不利于消费者维权的行为。又如在缺少监督情况下疏于管理和服务，导致服务质量较差。我国农村消费者对消费者协会及其工作的无知就是证明。

（三）其他社会组织缺位

由于我国行政体制改革不到位，公权不甘于退出本已交给社会治理的权力领域，因此，我国的其他有助于公司承担对消费者社会责任的社会组织也处于发育不良的状态。比如，我国还缺乏有公信力的质量认证机构、信用机构、信息中心等组织，从而使市场中质量认证比较混乱，给消费者增加了信息获取的负担。信用机构的缺乏，也使得消费者对于市场中的企业信用状况不得而知，从而给消费者实施退出——呼吁计划带来影响。信息中心及信息传递机制的缺乏，造成我国消费者不能及时获悉市场商品供给状况，在信息缺乏情况下出现消费者麻木和消费者敏感等不理性行为。

从仲裁机构来看，当前我国仲裁机构设立制度安排欠合理。仲裁机构只设在省会城市及地区级城市，而县级及以下地方不能设立。所以，消费者尤其是农村消费者对该机构比较陌生，更不用说利用它来维权。而且，仲裁机构能否在消费者维权中发挥作用，还要受到消费者与经营者购销合同的影响，当合同中未约定仲裁方式为解决纠纷的方式，或者购销双方有一方不同意使用这种方式解决纠纷时，仲裁机构便失去用武之地。这些制度安排显然不利于消费者利用仲裁来维权。

从新闻媒体来看，当前我国新闻媒体组织运转制度安排欠妥当。由于我国新闻媒体商业性运营和公益性运营没有严格区分，而且新闻媒体产品因为具有"公共品"特性所以收费比较困难，这直接导致新闻媒体在资金来源上严重依赖广告收入。在新闻媒体非常注重自身利益的情况下，如果国家法制约束不严，则新闻媒体极有可能产生机会主义行为，对广告的真实性不加管制和监督，只以付费高低来决定谁的广告能播出，这样新闻媒体很可能成为虚假信息的传播载体。而由于新闻媒体的辐射范围非常之广，所以其所造成的不良影响也是非常巨大的。

三、完善公司社会责任社会组织促进机制的建议

（一）完善相关法律制度

政府与公民（包括消费者）的良好合作，需要社会自治组织的协调和桥梁作用。社会组织经由政府的行政授权，部分地替代完成政府所退出的公共领域的管理工作，所以其责任重大。

社会自治组织的设立及其职能的合理发挥需要相应的法律制度。从社会自治组织的出现而言，组织是由某一个行业或者执业的从业者因共同利益的追求，对调整其自身行为的规则达成共识，并且相信合作行动能够带来自身的发展和经济效益，所以他们自愿建立自己的组织。社会组织也就由此具备了基本的社会合法性。但是，社会组织要想发挥更大的作用，使组织在与其他公共治理机制竞争中具有优势以保持组织的稳固，同时又不至于发生组织滥用权力的弊端，就必须使组织在获得社会合法性的基础上取得国家法律的承认和制约。所以，抓紧制定《行业协会法》、《中介组织法》等，通过法律来赋予社会组织的合法性是非常必要的。

法律对社会自治组织权力的确认和界定主要包括：一是规定社会自治组织的性质，如非营利性、自治性、区域性特征等。二是明确社会自治组织的职能，如信息提供、行动协调、参与政府政策制定、自律管理等。职能边界界定得越清楚，越有助于防止因职能不清而出现组织职能越位或者职能缺位问题。三是规定社会自治组织职能的实现方式，如议事程序、制定内部规约、处罚

成员违规行为的强制程度等。四是规定社会自治组织内部机制，如经费来源、工作人员的选聘、总会与分会之间的关系等。五是明确社会组织的内部规范和国家法律规范之间的关系。六是明确规定社会自治组织的违法行为特征及其惩处措施，如对社会组织的反竞争行为的受理和调查方面的规定，促使这些社会自治组织依法行使社会管理职能。

应该强调的是，我国社会自治组织的设立在较长时期内还需要政府的支持。首先，在当前我国缺乏普遍的"市民社会"文化的情况下，社会自治组织的发育部分甚至很大程度上得益于政府的"帮助"，比如我国的很多组织如消费者协会等都是"GONGO"（government - organized non - governmental organization），也就是说国家在帮助"社会自治组织"发育方面扮演了重要的角色，而且在未来还将继续扮演重要角色。其次，政府逐步从社会中退出和社会权力空间的进一步扩大是社会自治组织得以成长和正常发挥作用的重要前提。可以说，政府能够为这些社会组织创造怎样的发育环境如法律环境、权力环境、法治环境等，以及政府对于这些社会组织发展的容忍程度有多大，从根本上决定着社会自治组织能否健康出现和运转。所以，政府的角色应该由目前的自上而下地要求成立社会组织或者摇身一变使自己成为社会组织，换位到为社会自治组织的创立营造较好的发育环境，从而激发社会产生对自治组织的需求，提高社会自治组织创建的社会迫切性和合法性，增强社会自治组织治理的力量。

（二）完善行业协会的自律制度和声誉管理制度

行业协会作用的发挥有赖于协会内部良好的运作规范和自律制度。为此，一要制定详细的规章制度，在各方面严格照章办事，以统一的自律机制和规章制度协调自己的行动，形成一种良性运作模式；二要在组织内部建立制衡机制，通过民主参与和监督的方式制约协会领导及其成员的不良行为，防止组织运作过程中的种种弊病；三要实现观念的自我转变，强化独立自主、自我约束、自我管理和服务意识，明确作为社会中介组织的职能与作用，赢得广大会员的信赖和支持；四要与政府及其有关各部门形成良好的互动关系，成为沟通政府与工商业者密切联系的桥梁和纽带。

行业协会应该建立和完善行业声誉管理制度。美国学者戴维斯·扬认为："任何一个团体组织要取得恒久的成功，良好声誉是至关重要的，声誉管理是一个价值不菲的产业。"① 行业声誉是特定行业赢得消费者信任和支持的前提。所以注重行业声誉管理应该成为行业协会的一项重要职责。为此，可借鉴温州市众多行业协会的发展经验，首先制定行业声誉管理的规章和制度，明确行业内成员正当的经营行为特征和行动边界；其次建立严格的惩戒不良行为的制度，对协会成员存在的或正在发生的危害行业声誉的行为进行坚决的制止和惩处，严重的可通过取消其会员资格来给予惩罚；最后通过观念引导、知识传授、道德说教等方式来引导协会成员树立声誉管理意识，自觉维护行业声誉。

（三）完善消费者组织制度

协调消费者组织的定位与职责。目前法律对消费者协会的性质及职能做出了规定，但两者在深层次上存在矛盾。原来消费者协会在帮助消费者维权时应当具有的权限规定相对较小，影响了消费者协会力量的发挥。虽然可以通过修订《消法》明确规定有关公益诉讼条款等方式扩大消费者协会的法律权限，但它又与消费者协会半官方身份不相适应。因此今后在恢复消费者协会民间身份的基础上来扩大其职权可能更为可取。

加强消费者协会的职能建设。首先，针对当前消费者尤其是农村消费者对消费者权益保护法律制度认识的陌生状况，消费者协会应该加强《消法》在农村的宣传普及工作，要重点介绍《消法》所规定的消费者的九项权利和经营者的十项义务，宣传消费者进行维权的五种途径及其每种途径的使用时机。其次，消费者协会应该针对消费者所提出的关于协会履行职能方面的薄弱

---

① 李庆玉、干勤：《论行业声誉管理》，载《重庆商学院学报》2001 年第 5 期。

环节进行建设。消费者协会应主动进行对农村市场商品和服务的监督和检查，并积极参与有关行政部门的行政监督工作，努力为农村消费者营造一个良好的消费环境；消费者协会应该就消费者投诉事项涉及商品和服务质量问题的，及时提请鉴定部门鉴定并将鉴定结果通过合适渠道广而告之，或者可通过易为农村消费者理解的、可行的消费警示的方式及时告知消费者，以便防患于未然，保护农村消费者的利益；消费者协会还应该在支持受损害的消费者提起诉讼方面做出努力，对处于弱势的农村消费者给予法律援助，帮助消费者勇于进行维权活动。

加强其他消费者组织的建设。我国消费者组织只有消费者协会一家。如果协会工作人员中存在着道德风险问题，则对消费者来说是很不利的。消费者同盟因发展时间较短，且因为基本上属于为企业提供服务，所以其影响力不大。因此，有必要再成立其他的消费者保护组织。其一，可以效仿日本成立家庭主妇联合会（该协会在日本的消费者保护运动中扮演了非常重要的角色）。①因为家庭主妇是一个家庭消费品的主要购买者，如果成立这样的协会并对其成员开展消费教育和消费引导，则消费者维权工作就可能由事后保护转变为事前保护，消费者被侵害的现象就可以大大减轻。其二，可成立真正由消费者发起的消费者组织。这样的组织应该是能真正体现消费者的意志，具有社会公众团体性质的社会自治组织。组织的成立应该通过法律制度来加以明确和界定。

（四）完善其他社会组织制度

完善仲裁组织设立制度及仲裁制度。为克服仲裁组织及其职能为消费者所不熟悉的弊病，应该在制度设计上做到以下两点：其一是可以考虑在现有基础上在我国县级市、县城所在地增设消费纠纷仲裁机构，从而方便消费者使用仲裁方式进行维权；其二

① 铃木深雪：《消费生活论——消费者政策》，中国社会科学出版社 2004 年版，第 26—35 页。

是改变现行仲裁制度，对消费纠纷使用特别的仲裁程序。即把仲裁列为消费者维权的必需途径，只要消费者选择仲裁方式维权，经营者必须接受。如果消费者和经营者之间难以达成仲裁协议，仲裁机构可以做出裁决。如果对仲裁机构裁决不服的消费者仍可诉至法庭，以更有利于保护消费者权利。

完善新闻媒体管理制度。首先，对新闻媒体的商业运营和公益性运营进行严格区分，严格禁止其利用公益运营的便利条件牟取私利，从而有效提高新闻媒体对商品广告的监督力度；其次，加强《新闻法》的立法建设，督促新闻媒体依法进行消费者权益受侵害的宣传报道，对违法者实施严厉惩处。

完善质量评估制度和信用评估管理制度。首先，加快质量评估和信用管理方面的立法工作，如《质量评估报告法》、《信用信息公开法》、《商用信用报告法》、《商业秘密法》等，明确质量评估的机构、任务、程序和评估范围，明确信用管理的任务、职责、信用调查的范围、信用公开的方式以及信息使用的权限，从而为我国质量评估和信用管理提供法律保障；其次，要加快培育我国的质量评估机构和信息服务组织。目前最主要的是要培育有权威性的质量评估和信用评估机构。最后，要建立对失信者的惩戒机制。一要对违法经营和提供虚假信息的质量评估和信用服务机构实行市场退出制度。二要加大对失信企业的惩戒力度。将失信者的失信行为视为失信方对全社会利益的藐视，除了进行道德谴责之外，还可以依法采取公开信用调查报告的方式，让失信企业的失信记录方便地在社会传播，而且失信行为记录依照法律要保留多年，使失信者在一定期限内付出惨痛代价。

社会管理创新与社会组织
法律体系建构

丁 渠[*]

摘 要 社会管理创新既是社会管理模式的创新，也是社会管理理念的更新，其蕴含的基本理念是人权保障、民主参与和社会本位。我国社会组织法律体系还存在诸多问题，控制型管制理念根深蒂固，立法不能满足社会组织发展需要，立法实体内容存在严重缺陷。建构我国的社会组织法律体系，首先应当树立新立法理念，其次要进一步完善社会组织法律体系。

关键词 社会管理创新 社会组织 法律体系

社会管理创新是中央依据国内外形势新变化、新特点，针对我国目前社会管理中的突出问题，为促进社会和谐，维护社会稳定而采取的重大战略举措。社会组织在社会管理创新方面具有不可或缺的重要作用，引导各类社会组织健康发展、充分发挥其服务社会能力是社会管理创新的重要内容。社会组织以其非政府性、非营利性和客观公正性而成为与政府、企业并列的"第三部门"，成为政府和市场之间沟通的桥梁、政府与社会之间冲突的缓冲带，因而具有独特的社会政治功能。建立健全社会组织法律体系，依法规制社会组织的活动，实现社会组织的法治化，是当前我国社会组织发展中的当务之急。本文拟以梳理社会管理创新的基本理念为切入点，在深入剖析社会组织法律体系缺陷的基础上，探讨社会管理创新视野下我国社会组织法律体系的建构思路和路径。

---

* 丁渠，河北经贸大学法学院副教授，法学博士。

一、社会管理创新的基本理念

社会管理创新是指通过观念、体制、机制等方面的更新，对传统的社会管理模式和管理方式进行改造和完善，从而建构新型的社会管理机制，使社会管理更加符合社会发展规律，更能反映社会管理的本质。社会管理创新既是经济体制改革的需要，又是政治体制改革的需求，还是加强社会建设、实现社会和谐的需要，因而具有深远的政治意义、经济意义和社会意义。社会管理创新既是社会管理模式的创新，也是社会管理理念的更新，其蕴含的基本理念就是人权保障、民主参与和社会本位。

（一）人权保障

保障人权是社会秩序的合法性基础，人权意味着国家法律和政府行为应该以确认、保护和实现人民大众的基本权利作为目标，更不得妨碍和侵犯人民大众的权利，否则，便不具有合法性。① 因此，保障公民的人权，是现代社会管理的要义，也是社会管理创新的前提和归宿。只有切实保障人权，实现人之所以为人的基本权利，才能为社会秩序的和谐与稳定提供坚实基础，使社会管理创新目标的实现成为可能。保障公民人权，首先要保障公民的自由权或者消极权利，包括人身自由、财产权、表达自由、宗教信仰自由等；其次要保障公民的社会权或者积极权利，包括劳动权、社会保障权、受教育权、文化权利等；最后还要保障公民的平等权，不仅包括适用法律的平等还包括立法上的平等。保障公民的自由权，要求国家承担的是不作为的义务，就是说公民的自由权是国家权力活动的界限。一旦国家公权力超越了公民的自由权的界限，侵犯了公民权利则应当承担侵权的法律责任。保障公民的社会权，要求国家承担的是积极作为的义务，国家要积极采取措施干预经济、社会生活，保障每个公民都能够在

---

① 夏勇：《人权概念起源：权利的历史哲学》，中国社会科学出版社 2007 年版，第 147 页。

经济、政治、社会、文化等方面过上有尊严的生活。目前，我国公民人权保障还存在一些不足之处，主要表现在：公民政治权利的实现效果还不明显；公权力滥用而导致的人权侵害没有得到有效抑制，在有些行业和领域还很突出；经济人权的保障问题越来越凸显，诸如弱势群体的权益保障问题突出；人权的司法救济还有很多障碍，等等。① 这些既是社会管理创新的障碍所在，又是社会管理创新的动力之源。可以说，社会管理创新的实现过程，也是我国人权保障的改善过程。

（二）民主参与

民主参与或参与民主能够对公民进行民主技能训练，有助于人们接受集体决策。② 参与民主弥补了代议制民主的局限性，扩大了公民政治参与的范围，极大地扩展了民主理论的内涵，是古典民主思想的回归；参与民主为解决当代公共行政的合法性危机提供了契机，通过激活公民政治参与的作用，使公共行政能够容纳公民广泛的政治参与，构筑起平等多元的民主行政体制，有利于提升公共行政的合法性和正当性。③ 所谓社会管理创新就是调动国家、社会、公民等多方主体参与社会治理，因此，社会管理创新必然蕴含着民主参与，民主参与是社会管理创新的重要实现途径和载体。换言之，社会管理创新中的民主参与是参与民主在社会管理领域的具体运用。社会管理创新过程中的民主参与，既可以保障社会治理模式的革新，实现治理主体从单中心向多中心的转变，从而有助于善治的实现；又可以保障人民直接行使管理国家事务，管理经济、文化事业和社会事务的宪法权利，从而有助于民主的实现。在社会管理创新过程中，政府、社会组织和公民都应当是社会管理主体。当然，社会管理创新并不是静止不变

---

① 董和平：《关于中国人权保障问题的若干思考》，载《法学》2012 年第 9 期。

② ［美］卡罗尔·佩特曼：《参与和民主理论》，陈尧译，上海人民出版社2006 年版，第 39 页。

③ 王晓丽：《卡罗尔·佩特曼的参与民主理论评析》，载《内蒙古大学学报（哲学社会科学版）》2009 年第 9 期。

的模式，而是政府、社会、公民共同寻求公共事务治理之道的一种动态过程，因此，社会管理主体也随着具体公共事务性质的不同而不同。[①] 社会管理创新过程中的民主参与就是要利用公民和社会组织的政治权利来制约和监督国家权力和国家权力的行使者，使国家与人民之间的关系逐步从人民被动地服从国家走向人民积极主动地参与管理公共事务，从而实现人民与政府的合作，实现社会与国家的良性互动。由于民主参与的组织化程度往往决定民主参与的实际效果，因此，社会组织的民主参与尤为重要。社会组织是沟通国家与社会、公民之间关系的重要渠道和联结点，社会组织的成长将奠定公民社会的组织基础，有效促进社会自身的发育和成长。[②]

（三）社会本位

社会管理创新就是要改造政府管理，强化社会本位或者说社会主体地位，实现由行政国家向社会国家的转变。[③] 人类历史上的社会管理理念可以分为两类：一类是国家本位的社会管理理念，一类是社会本位的社会管理理念。所谓国家本位的社会管理理念，是指社会管理的根本目的是为了国家，社会管理完全是为了国家政权的生存与巩固服务。这种社会管理理念的核心内涵是，国家是目的，社会是手段；社会管理服从于国家需要，为了国家可以牺牲社会。这种理念的极端情况是，国家权力全方位渗透到社会之中，导致社会的完全国家化，使社会完全丧失了独立地位与存在空间。所谓社会本位的社会管理理念，是指社会管理的根本目的是为了社会。这种社会管理理念的核心内涵是，社会是目的，国家是手段；国家只不过是社会实现自身目的的工具，

---

① 刘伟忠、张宇：《中国语境中社会管理创新的多维阐释》，载《求实》2012年第7期。

② 李璐、冯宏良：《现代国家构建：社会管理创新的政治意蕴》，载《社会主义研究》2012年第5期。

③ 肖金明：《社会管理创新：意义、特征与重心所在》，载《山东大学学报（哲学社会科学版）》2012年第4期。

国家的所有活动服从服务于社会的需求。我国长期以来的社会管理就是国家本位的社会管理，是一种建立在计划经济体制和高度集权的政治体制下的社会管理模式。在这种社会管理模式之下，没有独立性的社会组织，也没有主体化的社会个体，整个社会完全处在国家的严密统驭之下。这种社会管理模式带有浓厚的行政色彩，社会公共事务的各个方面都充斥着国家意志，社会生活的各个层次都处在国家的严密管控之下，社会成员和社会群体都只是社会管理的对象，而不是国家与社会的主人。目前我国正处于社会转型期：从自给、半自给的产品经济社会向社会主义市场经济转型，从农业社会向工业社会转型，从乡村社会向城镇社会转型，从封闭、半封闭社会向开放社会转型，从同质的单一性社会向异质的多样性社会转型，从伦理社会向法理社会转型。① 在这种背景下，再延续这种国家本位的社会管理模式显然已不能适应社会发展的需要。因此，社会管理创新就要求进行理念创新，实现从国家本位的社会管理理念向社会本位的社会管理理念转变。社会本位的社会管理理念要求从维护社会自身的基本秩序，维护社会的稳定和安宁，维护人民群众的民主权利和民生福祉来进行社会管理。② 落实社会本位的社会管理理念，首先要维护社会的自治性，需要明确国家权力的活动范围，国家权力行使领域之外的即为社会自治领域。国家不能随意进入社会自治领域，不能随意干涉社会自治事务。其次，要大力提高社会的组织化程度。社会的充分组织化是社会治理的最佳实现载体，因此要积极培育、大力发展社会组织，保障社会组织的合法权益，提高社会组织服务社会的能力，使其成为社会管理的重要主体。

---

① 李培林：《"另一只看不见的手"：社会结构转型、发展战略及企业组织创新》，载袁方编：《社会学家的眼光：中国社会结构转型》，中国社会出版社 1998 年版，第 27—28 页。

② 吴鹏森：《论社会管理创新的理念与路径》，载《南京师大学报（社会科学版）》2012 年第 3 期。

二、社会组织法律体系的缺陷

新中国成立六十多年来，经过持续不断的努力，我国的社会组织法律体系已经初步建立起来。这主要体现为：在宪法上，《宪法》第35条赋予公民结社自由，为社会组织的存在与发展提供了根本法依据；在法律上，《民法通则》、《公益事业捐赠法》、《律师法》、《行政许可法》、《民办教育促进法》、《工会法》等法律规定了社会组织的有关制度，使社会组织的运行有章可循；在行政法规上，《社会团体登记管理条例》、《民办非企业单位登记管理暂行条例》、《基金会管理条例》成为规范三种主要的社会组织的直接法律依据；此外，有关立法机关还制定了大量的社会组织方面的地方性法规和规章。但是，从总体上说，我国社会组织法律体系还存在诸多问题，与我国社会管理创新的基本理念大相径庭。

（一）控制型管制理念根深蒂固

控制型管制理念是我国社会组织立法最鲜明的特征，这主要体现在以下五个方面：一是社会组织实行双重管理体制。社会组织从成立到日常活动都要接受业务主管部门和登记部门的双重管理。在这种双重管理体制下，设立社会组织要跨越两道门槛：在报请登记部门批准之前，必须得到业务主管部门的同意。这种双重管理体制为社会组织取得合法身份设置了障碍，致使越来越多的社会组织或者转而采取工商注册的形式，或者不办理登记手续。二是社会组织的成立条件过于严格。例如，《社会团体登记管理条例》第10条规定，"成立社会团体，应当具备下列条件：（一）有50个以上的个人会员或者30个以上的单位会员；个人会员、单位会员混合组成的，会员总数不得少于50个；（二）有规范的名称和相应的组织机构；（三）有固定的住所；（四）有与其业务活动相适应的专职工作人员；（五）有合法的资产和经费来源，全国性的社会团体有10万元以上活动资金，地方性的社会团体和跨行政区域的社会团体有3万元以上活动资金；（六）有独立承担民事责任的能力。"这种过于苛刻的成立条件为社会组织的建立制造了严重障碍甚至是不可逾越的鸿沟。三是行政管理部门对社会组织的人事、财务等方面实施严格控制，使社会组织的自主性、自治性、独立性难以发挥。这一方面是由于我国最初的社会组织大部分来自于国家出资设立，另一方面也是现行行政管理体制下我国社会组织对于行政资源依赖的惯性使然。[①] 四是限制社会组织的竞争。《社会团体登记管理条例》第 13 条规定，在同一行政区域内已有业务范围相同或者相似的社会团体，没有必要成立的，登记管理机关不予批准筹备。《民办非企业单位登记管理暂行条例》第 11 条规定，在同一行政区域内已有业务范围相同或者相似的民办非企业单位，没有必要成立的，登记管理机关不予登记。五是限制社会组织的规模。《社会团体登记管理条例》第 19 条规定，社会团体的分支机构不得再设立分支机构，社会团体不得设立地域性的分支机构。《民办非企业单位登记管理暂行条例》第 13 条规定，民办非企业单位不能设立分支机构。这种控制型管制理念，在本质上是将社会组织和政府置于相互对立的关系上，政府管理社会组织的首要目标是限制其发展并规避可能的政治风险。[②] 控制型管制理念建立在对管理对象的不信任基础上，类似于家长对未成年孩子的管教，是基于管理者相对于管理对象的权威。为了防止管理对象做出对国家、社会、他人和自身有害的行为，行政主管部门通过严密监督、控制等手段达到管理目的。正是基于这一立法理念，现行社会组织立法才设置了双重管理体制和其他严格的管理制度。[③] 控制型管制理念严重阻碍了公民结社权的实现，是以牺牲公民基本宪法权利为代价来换取政治稳定与社会秩序，有悖于现代民主法治精神。

[①] 杨道波、李永军：《中国非政府组织立法 60 年回顾与反思》，载《山西师大学报（社会科学版）》2011 年第 1 期。

[②] 王名：《改革民间组织双重管理体制的分析和建议》，载《中国行政管理》2007 年第 4 期。

[③] 谢海定：《中国民间组织的合法性困境》，载《法学研究》2004 年第 2 期。

（二）立法不能满足社会组织发展需要

虽然我国的社会组织法律体系已经初步建立起来，但仍然远不能满足公民实现结社自由和社会组织发展的需要。社会组织立法的滞后性主要体现在五个方面：一是在立法数量上，社会组织立法与经济立法相比，数量明显偏低，关于社会组织发展的许多方面都缺乏法律规定，尤其是结社基本法空缺，现有的社会组织立法都是某一方面的单项规定，缺乏对社会组织进行统一规范。二是立法位阶偏低，除现行的少量单行法律外，在社会组织法律体系中占据主体地位的是行政法规、地方性法规、规章和其他规范性文件，其所规范的范围、效力等都具有很大局限性。三是在立法质量上，现有的立法所规范的基本上是计划经济条件下社会组织的管理问题，难以适应社会主义市场经济体制已经基本确立，依法治国、建设社会主义法治国家已经日益深入的大背景下社会组织的发展要求。四是法规之间衔接性差，许多社会组织法规之间存在不一致之处，一些法规还存在与上位法相抵触的问题。五是有些法律规定原则性较强，可操作性较差，不利于执行。社会组织立法的严重滞后性造成了多方面的消极后果：一是社会组织成立难。宪法所赋予的公民结社权利被众多低层级的法律性文件所限制甚至是剥夺，使结社自由得不到可靠保障。由于社会组织设立条件过于严格，致使大量的社会组织无法得到合法性确认从而游离于法律之外。二是社会组织生存难。按照现行规定，行政主管部门对社会组织直接或者间接进行近乎全方位的管制，使社会组织举步维艰。三是社会组织发展乱。由于缺乏结社基本法的统一规范，再加之双重管理体制的存在，致使社会组织管理上政出多门，管理混乱，从而出现了社会组织难发展与乱发展、难活动与乱活动、难监管与乱监管并存的局面。

（三）立法实体内容存在缺陷

目前的社会组织立法存在重程序轻实体的倾向，立法实体内容严重缺失。一是缺乏扶持社会组织发展的措施。非营利性是社会组织的重要特征，在营利性组织占据诸多优势的社会环境下，社会组织天然地处于生存与发展的劣势。而社会组织又担负着社会服务、经济发展、政治动员、政治参与和社会整合等重要社会功能，因此，如果没有强有力的政府扶持，社会组织将很难生存与发展。而综观我国已经制定的诸多社会组织法律规定，几乎没有政府对社会组织的扶持政策。尤其是，社会组织的生存发展都离不开充足的资金，而现行法律法规关于社会组织资金来源的规定却极为简单。在实践中，政府主管部门对那些从事公益事业的社会组织给予的资助太少，通过税收政策激励社会组织发展的力度也远远不够。二是缺乏对社会组织的社会监督和自律约束机制的规定。按照发达国家社会组织发展的成功经验，社会组织的法律约束机制包括政府监管、社会监督和行业自律三个部分。我国的社会组织立法主要突出了政府监管的作用，行政管制几乎成为社会组织的法律约束机制的全部，使我国的社会组织法事实上变成了社会组织管理法，而有关社会组织的社会监督和行业自律却付之阙如。三是缺乏对社会组织权益保障的规定。行政权力来源于并应服务于公民权利，并以此作为自身存在的唯一合法性依据。因此，权利本位应当是政府监管活动的重要原则。但是，在社会组织的管理中体现的更多的是权力本位而不是权利本位。在社会组织立法中，规定的主要是社会组织从筹备设立、登记注册到成立后的运行，应如何接受业务主管机关和登记部门的严格监管，但是有关社会组织的合法权益和政府主管部门如何保护社会组织合法权益的相关规范却很少。社会组织立法实体内容的严重缺失和社会组织基本法的空缺密切相关。目前的社会组织立法主要是程序性立法，例如《社会团体登记管理条例》和《民办非企业单位登记管理暂行条例》等只是对社会组织登记管理的行政程序做了规定，而社会组织实体上的权利、法律地位、作用等都没有得到明确。

三、社会管理创新视野下社会组织法律体系的建构路径

基于前文所述，我国目前的社会组织法律体系存在着严重缺陷，与社会管理创新的要求相悖。在社会管理创新的视野下，建构我国的社会组织法律体系应当从以下几个方面着手。

（一）树立新立法理念

1. 树立权利本位理念

结社自由是宪法赋予公民的一项基本权利，社会组织立法必须以保障公民结社自由为根本宗旨。我国目前的社会组织立法体现的都是国家本位理念，也就是社会组织立法的目的是实现国家对社会的全面管理和控制，而不是保障公民实现结社自由。国家权力的存在及其作用方式对于公民结社自由的实现有重大影响，甚至发挥着决定性作用。具体来讲，首先，结社权的行使由行政机关决定。公民如果要行使自身的结社自由权，必须经过业务主管部门和登记部门的同意。只有经过两个行政机关的同意，公民的结社权才能实现。其次，结社权的行使范围由行政机关决定。公民欲成立的社会组织能够在什么范围内活动，要由行政机关认可。最后，结社权行使的终止也要由行政机关决定。公民行使自己的结社权完全有可能因为行政机关的行政命令或"红头文件"而终止。[①] 国家本位的立法理念既有悖于现代民主法治精神，也不适应社会主义市场经济发展的需要。因此，今后的社会组织立法，在立法理念上必须实现由国家本位向权利本位的转变。具体来讲，社会组织立法必须围绕如何实现和保障公民结社自由权这一根本宗旨展开，通过对社会组织的法律地位、设立条件、经费保障、税收优惠、活动准则、内部自律、社会监督和行政监管等内容做出明确规定，将宪法赋予的公民结社自由权落到实处，为社会组织的发展提供强有力的法律支持，促进社会组织在法治的

---

① 吴玉章：《公法权利的实践——结社现象的法学意义》，载《法学研究》2006 年第 5 期。

轨道上健康发展。

2. 树立治理理念

西方学者一般认为："治理一词表达了这样一种理念，即政治舞台不再由国家或政府所独占，而是包含了民族国家之内和之外的由许多相互交织的社会实体和机构实施的有关规则制订、监督和执行的集体过程。治理不仅仅是指以正式权威为后盾的政府机构和决策，而且也包括在公共领域内运行的非政府组织，它们日益卷入决策以及政策的执行和监督之中。"① 由此可知，治理蕴含如下几个基本理念：第一，治理的主要特征是政治权威的多中心化，而不再以政府作为唯一的政治权威；第二，治理的主要实现方式是多个社会权威之间的沟通与合作；第三，在公共事务领域，治理应当以社会组织而非个体公民作为基础。在今后的社会组织立法过程中，应当从治理的理念出发来界定政府与社会组织的关系，从而科学设计社会组织的管理制度。首先，要确认社会组织的地位，承认社会组织是我国当前社会建设中必不可少的组成力量。其次，要确认社会组织的作用，承认在增进社会福利上，政府的社会管理与社会组织的服务功能之间是相辅相成、互相补充的关系。最后，政府要为社会组织发挥作用创造条件，要通过完善扶持政策来支持社会组织有效发挥服务功能。政府要为社会组织提供必要资助，切实提升其社会活动能力；政府要在公共事务管理中加强与社会组织的合作，充分发挥政府与社会组织两个积极性；政府要优化社会组织的法律环境，对其进行准确定位、积极扶持、合理引导。

3. 树立服务型管制理念

我国社会组织立法在总体上呈现出明显的控制型管制特征，今后应向服务型管制转变。服务型管制就是以非强制、人性化的执法行为为主要管理方式，以增进彼此信任和实现社会合作为主要目的，

① [英] 戴维·赫尔德、安东尼·麦克格鲁编：《治理全球化——权力、权威与全球治理》，曹荣湘等译，社会科学文献出版社 2004 年版，第 97 页。

以柔性化和放松管制为其特点。服务型管制的具体执法方式主要包括指导、引导、劝告、说服、协商、沟通和工作建议制度等。实施服务型管制，首先要废除双重管理体制。现行的双重管理体制片面突出登记注册的事前审查功能，在限制社会组织合法化的同时，忽视了对社会组织的培育扶持与事后监督管理；一方面致使大量的社会组织无法得到合法登记，另一方面对经登记的社会组织既缺乏必要的扶持引导，对其行为的监督制约也极为有限。其次，要改革登记管理体制。从社会组织管理的国际经验来看，目前世界上绝大多数国家采用的是一元登记管理模式。这种管理模式极大地方便了社会组织的登记，激发了公民社会的活力，使社会组织在社会政治生活的巨大作用得以发挥。改革登记管理体制的目标是，建立统一直接登记新体制。也就是除了涉及国家安全、社会稳定等必须审批的社会组织之外，其余所有社会组织一概实行备案制度，尤其是基层社会组织更应实行备案制度，把众多事实上也已存在的社会组织全部纳入合法组织之列。最后，要建立政府监管、社会监督、行业自律的三元调控机制。目前，国际上比较成熟的社会组织管理机制是政府监管、社会监督和行业自律的三结合。在我国目前的社会组织管理中，片面强调政府监管的作用，而忽略社会监督和行业自律的功能。为了实现服务型管制，一是要健全社会监督。社会组织的财产很大程度上来源于社会捐赠，因此其既非个人所有，亦非社会组织自身所有，而是属于社会公共财物。因此，要建立健全对社会组织的社会监督机制，其主要内容包括公开性与透明度原则、新闻监督、全面的社会参与、由独立机构实施的资质认定和评估等。二是要建立行业自律机制。社会组织立法应当为社会组织的规范化、专业化、标准化管理进行科学合理的制度设计，提高社会组织的自律能力和自治水平。

（二）完善社会组织法律体系

1. 社会组织立法的总体构想

社会组织立法的总体构想是建立以《结社法》为核心，以单行法律为主干，以行政法规、地方性法规、规章为补充的有机统一、多层次的社会组织法律体系。首先，要尽快制定社会组织基本法。结社自由是我国公民的宪法基本权利，因此应当制定社会组织基本法——《结社法》来规范和保障公民的结社权。其次，要完善社会组织单行法。要根据新的立法理念，对《工会法》、《红十字会法》、《律师法》、《执业医师法》、《注册会计师法》、《残疾人保障法》、《妇女权益保障法》、《归侨侨眷权益保护法》、《消费者权益保护法》等单行社会组织法进行重新审视并建构起体现新立法理念的制度体系。最后，要完善社会组织方面的行政法规、地方性法规、规章。凡是与新立法理念相悖、与上位法相抵触的社会组织行政法规、地方性法规、规章，都应当及时进行修改或废止。

2. 制定《结社法》

由于《结社法》的缺位，行政主管部门对社会组织实施管理的主要法律依据是《社会团体登记管理条例》、《民办非企业单位登记管理暂行条例》和《基金会管理条例》，导致这三个行政法规不堪重负，又有超越立法权限的嫌疑。因此，尽快制定《结社法》就成为完善社会组织法律体系的重中之重和当务之急。制定《结社法》应当解决好以下问题：一是要明确社会组织的法律地位。二是要明确界定社会组织的自治性质。要规定社会组织行为规范的主要内容：社会组织的宗旨、成员在社会组织中的权利和义务、社会组织管理机构的产生方式和组织原则、社会组织中管理人员的职责与职权，社会组织内部的民主监督机制，以及社会组织领导人侵害组织及组织成员利益应当承担的法律责任，等等。三是要明确社会组织与政府主管部门之间的关系，明确行政执法机关对社会组织进行监管的权限、范围、方式与程序，以及社会组织的合法权益受到行政机关侵害时的法律救济途径。[①] 四是要建立对社会组织的支持机

---

① 杨素云：《社会组织与当代中国社会组织法制建设》，载《江苏社会科学》2003 年第 5 期。

制，要对社会组织的经费来源、税收优惠等扶持政策作出具体规定。

3. 完善社会组织税收立法

税收政策是国际上调控社会组织发展的主要激励手段之一，税收制度的合理与否及实施状况，对社会组织的生存与发展至关重要。我国目前的社会组织税收立法存在着以下主要问题：一是我国目前还缺乏一套系统可行的社会组织税收法律体系，现行的税收政策呈现杂乱无章、标准不统一的状况。二是与发达国家相比，我国对社会组织的税收扶持力度偏小、范围过窄。三是税收优惠政策没有发挥应有作用。我国社会组织的税收优惠政策主要是所得税的减免，但是我国的税制却是以流转税制为主，致使对社会组织的税收优惠程度大打折扣。四是在鼓励捐赠方面，存在税前扣除的法律规定过于笼统、受捐赠主体界定不合理、税收减免力度偏小等问题。① 为了进一步完善社会组织税收立法，首先要提高社会组织税收立法层级。税收是一种典型的侵益性行政行为，按照国际上的通例，是否征税应当由国家代议机关来决定。在我国，全国人民代表大会是国家最高权力机关，因此，有关社会组织税收方面的法律应由全国人大来制定。其次，要明确社会组织的税收法律地位。社会组织不是营利性的市场主体，因而在税收立法上应当有特殊的法律地位。为了促进我国社会组织的健康发展，必须加大社会组织税收优惠的范围与力度，这是制定社会组织税收制度的基调。要在准确界定社会组织概念的基础上，确定社会组织的纳税主体资格与税收优惠资格，并针对不同类型的社会组织和社会组织的不同行为规定不同的减免税条件、税种、幅度等。同时，对于社会组织的减免税待遇应当由中央立法确定，地方立法不得越权任意给予减免税待遇。再次，突出对捐赠者的税

① 刘艳红：《我国非政府组织税收政策的现状、问题及对策建议》，载《中央社会主义学院学报》2012 年第 4 期。

收优惠，鼓励社会捐赠行为。由于社会组织的公益属性，因此，从客观效果上讲，市场主体向社会组织进行捐赠类似于向国家交纳税款，应该给予必要的税收优惠。《公益事业捐赠法》明确规定，国家鼓励自然人、法人或者其他组织的公益捐赠行为，这一立法倡导行为应得到税收优惠政策的支持与配合。最后，要加强我国社会组织税收征管工作，促进部门之间的信息沟通与传递，切实保障社会组织税收优惠政策落到实处。

中国民间组织的发展困境及法制建构

宋忠胜　　郭江红*

摘　要　随着社会的发展转型，中国民间组织的数量不断增加，但控制性登记管理制度、行政化以及立法缺失阻碍了其进一步发展的空间。为此，应当建立服务型登记管理制度，转变政府身份并完善相关立法，积极推进《民间组织法》的出台。

关键词　民间组织　登记制度　去行政化

一、民间组织的法律界定

民间组织虽然在现代社会中广泛存在，但其在名称上并没有统一的称谓。在汉语言的语境中，因表述主体、场合、背景、目的的不同，人们可能会用不同的称谓对其进行表述，如"社会团体"、"民办非企业单位"、"非营利组织"、"第三部门"、"非政府组织"等。

在国外，民间组织作为政府和市场之外的一切志愿团体、社会中介组织和民间协会的集合，与政府、市场共同构成现代社会的三大支柱，通常被称为非政府组织（non‐governmental organization，NGO）、非营利组织（non‐profitable organization，NPO）、公民社会组织（civil society organization，CSO）等。

在我国，自1950年9月政务院发布《社会团体登记暂行办法》起，"社会团体"这一名称就一直见诸于我国此方面的法

　*　宋忠胜，河北经贸大学法学院副教授；郭江红，河北经贸大学国际法专业2012级法学硕士研究生。

规、行政命令、规章和决定等。至 1989 年 10 月国务院发布的《社会团体登记管理条例》对社会团体这一规范对象的列举，再到 1996 年出台的《关于加强社会团体和民办非企业单位管理工作的通知》中，将"民办非企业单位"提升为与"社会团体"并列的概念。"民间组织"这一表述是直到 2000 年 4 月民政部发布《取缔非法民间组织暂行办法》的出台，才作为正式概念被引入规章的。① 本文亦使用"民间组织"这一称谓。

二、民间组织面临的困境

（一）登记管理困境

1989 年 10 月国务院发布的《社会团体登记管理条例》首先以列举的方式对规范的对象做了规定，即第二条中的"在中华人民共和国境内组织的协会、学会、联合会、研究会、基金会、联谊会、促进会、商会等社会团体"。现以其中的基金会为例来以小窥大，从中国基金会所面临的登记"瓶颈"来分析我国民间组织所面临的登记管理制度问题。

下面以图示说明基金会的成立过程：②

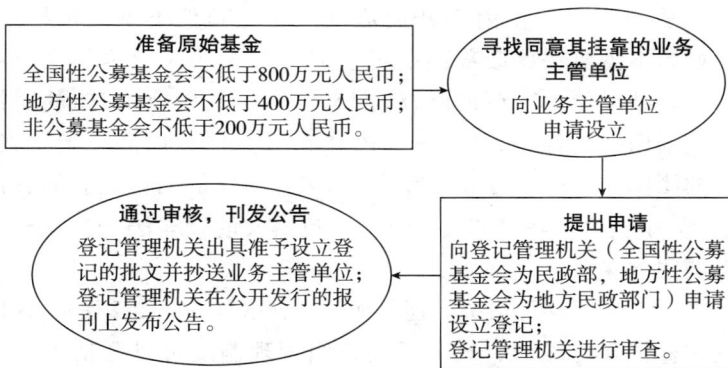

准备原始基金
全国性公募基金会不低于800万元人民币；
地方性公募基金会不低于400万元人民币；
非公募基金会不低于200万元人民币。

→

寻找同意其挂靠的业务主管单位
向业务主管单位申请设立

提出申请
向登记管理机关（全国性公募基金会为民政部，地方性公募基金会为地方民政部门）申请设立登记；
登记管理机关进行审查。

↑

←

通过审核，刊发公告
登记管理机关出具准予设立登记的批文并抄送业务主管单位；
登记管理机关在公开发行的报刊上发布公告。

---

① 谢海定：《中国民间组织的合法性困境》，载《法学研究》2004 年第 2 期。

② 陈敏：《试论我国民间慈善组织的困境与出路——以"壹基金"为案例》，载《黄石理工学院学报（人文社会科学版）》2012 年第 2 期。

按照《基金会管理条例》，不论公募基金会还是非公募基金会，其成立都需要挂靠一个有官方背景的业务主管单位。目前，我国登记在册的全国性基金会只有144个，而其主管单位基本上都是国家部委，比如"宝钢教育基金会"的业务主管部门是教育部，"纺织之光科技教育基金会"的业务主管部门是国资委。[①]对于大部分的基金会来说，找到一个能够挂靠的政府部门实在是太难了，而若无法找到挂靠的部门，就不可能进入申请登记程序。如此一来，无法登记的民间组织势必被排挤在合法的民间组织门外，只能另作他想，在夹缝中求生存，而这些在夹缝中生存的组织只能被归类到"非法民间组织"之列。民政部规章《取缔非法民间组织暂行办法》第2条规定，非法民间组织的范围包括：未经批准，擅自开展社会团体筹备活动；未经登记，擅自以社会团体或者民办非企业单位名义进行活动的；被撤销登记后，继续以社会团体或者民办非企业单位的名义进行活动的组织。

据邓国胜对中国民间组织的问卷调查初步分析，中国的民间组织按其法律地位，可以分为四种类型：一是在民政部门合法登记注册；二是以企业法人身份在工商管理部门注册；三是经本单位批准成立，在单位内部开展活动；四是其他类型，包括工、青、妇等不需要在民政部门登记注册的和无法人地位的次级团体。调查结果显示，在被调查的1508个团体中，68.2%的团体在民政部门登记注册，6.3%的团体在事业单位内部登记备案，14%的团体属于其他类型。另外，还有6.4%的团体没有回答该问题。[②]事实上，在第四类团体中还包括大量"非法"独立开展活动的团体。

之所以出现这种情况，还是源于我国关于民间组织的管理体制问题。依现行法规，我国民间组织管理制度可以概括为"归

① 王建芹：《我国民间组织的合法性困境及立法思路探讨》，载《行政法学研究》2005年第3期。
② 邓国胜：《中国NGO问卷调查的初步分析》，载《法学研究》2005年第3期。

口登记，双重负责和分级管理"。具体言之，成立社会团体、民办非企业单位，应当经其业务主管单位审查同意，并依照法规条例规章登记，国务院有关部门和县级以上地方各级人民政府有关部门、国务院或者县级以上人民政府授权的组织，是有关行业、学科或者业务范围内社会团体的业务主管单位（对社会团体），或者是有关行业、业务范围内民办非企业单位的业务主管单位（对民办非企业单位）。因此没有业务主管单位的审查同意，登记管理机关不可能办理登记。民间组织在申请登记之前，要先为自己找一个"婆家"（可挂靠的主管机关），只有找到了"婆家"先对自己进行管理，才有可能继续登记步骤，否则，在程序上根本就到不了登记机关。

这种双重管理体制严重抑制了民间组织的发展。虽然民间组织的数量正与日俱增，可是大量的民间组织还顶着非法的帽子，即便这些民间组织在社会中发挥着巨大作用，还是不能得到合法性认可，当然也就无法得到合法性保障。

（二）"准行政"困境

当前我国的民间组织无论是在人员构成、经费来源、组织结构方面，还是在运作规范、活动方式等方面，都体现了过于强烈的行政色彩，在事实上发挥着"准政府组织"的作用。

还是以基金会为例。目前中国注册的基金会有 2000 多家，其中近 1000 家是公募基金会，国字头的有上百家。较大的慈善基金组织都是官办的，如慈善基金会系统，尤其是在地方其和民政部门是合二为一的。即便是独立性很强的"红会"系统，也有较浓的官方色彩，其工作人员享受公务员待遇。① 在国办基金处于垄断的情形下，像中国壹基金这种民间组织根本就无法独立存在，只能依附于红十字会。在行政规划体制下生存，导致了民间组织"官附性"的利益取向，使民间组织的地位在很大程度

① 赵宝爱、王春艳：《论中国国际慈善组织的发展和活动》，载《济南大学学报》2009 年第 6 期。

上依赖于业务主管单位的认可，甚至其不惜利用行贿手段来获得合法地位。为了业务主管单位的年检关，这种讨好手段还要一直继续下去，"官附性"的利益取向，使民间组织越来越偏离社会公益的初衷。另外，由于基金组成中有大量来自政府的资助，被控制着资金命脉的基金会很难脱离政府控制，极易导致中立地位的丧失。相比之下，美国一些民间组织为了表明自己的客观和中立，往往拒绝所有来自政府的资助，如美国乐施会、人权观察、大赦国际组织美国分部等。①

（三）立法缺失困境

作为公民社会的产物，民间组织在西方发展了数百年，已经形成了相对完善的规制体系。美国虽是判例法国家，但散见于宪法、税法、商法和公司法中的相关规定使其对民间组织的管理法律体系相当完善。日本的民间组织法律规范体系也是比较健全的，基本上已将各类民间组织都纳入了法律规制的范围，形成了相对完整的民间组织法律体系。

相比之下，中国的民间组织还没有较为完善和行之有效的立法。就目前而言，我国现行的民间组织法律体系大致以《社会团体登记管理条例》、《民办非企业单位登记管理暂行条例》、《基金会管理条例》为基本框架，体系非常单薄，而且这三部管理条例的规定很笼统概括，立法技术相对粗糙。《社会团体登记管理条例》一共40条，涉及实体内容的仅37条；《民办非企业单位登记管理暂行条例》一共32条，涉及实体内容的仅28条；《基金会管理条例》一共48条，涉及实体内容的仅40条。

此外，我国民间组织法律体系还存在相当的法律空白。例如以上三个条例都只是针对民间组织登记管理的行政程序做了规定，对于其实体的权利、义务、地位及其作用未有明确细化的安排。同时，民间组织立法还存在法律位阶过低的问题。我国宪法明确规定公民享有结社自由这一政治权利，鉴于高效力等级规范

---

① 徐彤武：《美国国际性民间组织研究》，载《美国研究》2010年第4期。

优于低效力等级规范，因此行政法规、规章无权剥夺或限制宪法赋予公民的权利。目前我国对民间组织加以规范的文件主要是行政法规和民政部门的规章，其中对于民间组织登记事项等规定已经在实质上限制了公民自由结社权的行使，与宪法产生了冲突。可见，我国对民间组织的立法尚存在法律位阶冲突的问题。

三、民间组织的法律重构

"小政府，大社会"的发展潮流决定了对民间组织的合理管控必须逐渐抽离政府力量，使其真正依社会实际需求而建立和发展。惟其如此，才能使民间组织更好地服务于社会，并最终实现与社会的良性互动。

（一）建立服务型登记管理制度

目前我国对民间组织的管理体制的取向是"控制型管理"，该体制对民间组织的发展抑制十分严重，因此，建立"培育服务型"的登记管理制度刻不容缓。具体而言，就是政府要进行身份的转化，从管理者转变为服务者，积极提供必要的政府服务，培养民间组织的主体意识及责任权利意识，提高民间组织的社会公信度，使民间组织真正成为一个独立、有效运作的部门。

废除双重管理体制是当务之急，同时，还应建立一个单一部门对民间组织进行统一的登记管理。根据需要就某些类型的民间组织做出必须登记的规定，而其他所有类型的民间组织则本着自愿注册的原则进行登记。对于自愿登记的民间组织，政府要给予制度化的直接资助、税收减免及其他各方面的优惠政策。随着民间组织的进一步发展成熟，可以适时减少必须登记的民间组织的类型，最终使所有民间组织自愿地而不是被迫地接受政府的管理及服务。这种自愿登记注册的原则有利于培养民间组织的主体意识和责任权利意识。[①]

---

① 王晨：《中国民间组织发展的三大不利性制度因素分析》，载《社会科学》2005 年第 10 期。

（二）实现民间组织的"去行政化"

民间组织既然是公民自愿组建、为实现会员共同意愿而组成的团体，理应减少行政上的干预，使民间组织早日摆脱政府束缚，更好地维护其中立和独立地位。但民间组织的"行政化"现象一直伴随其发展的始终，且有愈演愈烈之势。因此，应逐渐收缩政府对民间组织的干预范围，在符合法律法规的框架下，最大限度地实现民间组织的自由化，实现民间组织是作为一个自由意愿结合而成的这一初衷。

具体做法为，细化和明确法律法规对于民间组织权利义务的规定，使民间组织自觉依法行事；实行民间组织的自治，国家的行政管理退居其次；加强组织成立前期的法制教育以及组织成立后的监督机制，守住"头"和"尾"，使民间组织在此框架内自由发展。

（三）制定专门的《民间组织法》

目前民间组织的管理框架是以《社会团体登记管理条例》、《民办非企业单位登记管理暂行条例》、《基金会管理条例》为基础的，规定粗简，完全不能适应现行社会对民间组织进行的规制需求，只有颁布一部综合考虑民间组织现状、规定严谨合理且能普遍适用的专门性法律，才是解决问题的根本之道。

需要特别指出的是，《社会团体登记管理条例》、《民办非企业单位登记管理暂行条例》、《基金会管理条例》等都是行政条例，法律位阶过低。毕竟，民间组织的组建活动会涉及宪法中关于结社自由等重要问题，如果仅以行政规章或条例对公民的宪法相关权利进行限制，未免违背法学中位阶效力原理。因此，只有通过制定《民间组织法》，提升相关立法的效力位阶，才会根本提升民间组织的法律地位。

参考文献

1. 杨素云：《社会组织与当代中国社会组织的法制建设》，载《江苏社会科学》2003 年第 5 期。

2. 王育琪：《中国民间组织的立法问题探讨》，载《学术问题研究》2009 年第 2 期。

3. 孙发锋：《中国民间组织"去行政化"改革的障碍及消除》，载《学习与探索》2012 年第 8 期。

4. 王晨：《中国民间组织发展的三大不利性制度因素分析》，载《社会科学》2005 年第 10 期。

5. 谢海定：《中国民间组织的合法性困境》，载《法学研究》2004 年第 2 期。

6. 邓国盛：《中国 NGO 问卷调查的初步分析》，载《法学研究》2007 年第 5 期。

7. 田凯：《机会与约束：中国福利制度转型中非营利部门发展的条件分析》，载《社会学研究》2003 年第 2 期。

8. 刘晓佳：《中国非营利组织现状探析》，载《国家行政学院学报》2003 年第 5 期。

9. 王名、刘培峰等：《民间组织通论》，时事出版社 2004 年版。

10. 林莉红：《中国民间组织合法问题的法律学解析》，载《武汉大学学报》2012 年第 3 期。

11. 刘培峰：《民间组织应统一立法》，"结社自由与民间组织立法"研讨会，2009 年 4 月 5 日。

12. 王名：《中国民间组织 30 年——走向公民社会》，社会科学文献出版社 2008 年版。

13. 孙炳耀：《澳大利亚非营利组织及其对中国的启示》，中国社会科学院社会学研究所社会政策研究中心。

14. 苏立、葛云松等：《规制与发展——第三部门的法律环境》，浙江人民出版社 2000 年版。

15. 郭道久、朱光磊：《杜绝"新人"患"老病"——建构政府与第三部门间的健康关系》，载《战略与经济》2004 年第 3 期。

论非法人团体的民法地位

田韶华　吕　莹[*]

摘　要　具有民事权利能力和民事行为能力一直是判定民事主体资格的重要标准，基于此法律将非法人团体排除在民事主体的范围之外。然而究其根源，民事主体地位的赐予者是法律，民事权利能力和民事行为能力只是法律对民事主体特征的高度抽象，是民事主体享有主体地位而产生的后果。鉴于实践当中非法人团体扮演着重要的社会角色，法律应该从社会实际出发，赋予非法人团体主体地位，使其拥有民事权利能力和民事行为能力。

关键词　非法人团体　民事主体　民法地位

非法人团体的法律地位问题一直是困扰着学界的重要理论问题之一，随着社会经济的发展，传统的民事主体二元结构受到了巨大的冲击，各种各样游离于自然人和法人之外的社会组织纷纷涌现，在民事活动中占据重要地位，并越来越成为社会经济的重要参与者，为我国经济和社会发展做出了重要贡献。尽管如此，我国法律却并没有赋予非法人团体以民事主体资格，其在民事活动中还不具有独立的法律地位。大量的非法人团体由于不具有主体资格，得不到法律的承认和保护，在其开展民事活动时往往面临着种种限制和困难，严重阻碍了非法人团体的发展，同时也给经济的发展和社会的进步带来了诸多不利影响。而实践中存在的大量非法人团体纠纷，又使得法律不得不承认其具有诉讼主体的地位。这就导致了非法人团体在诉讼法上有主体资格而在实体法

---

　　* 田韶华，河北经贸大学法学院教授；吕莹，河北经贸大学法学院在读研究生。

上没有主体资格的矛盾。本着推进社会管理创新，提升社会管理效能，创造更多的经济和社会效益的目的，承认非法人团体的民事主体地位越来越成为法律发展中不可扼制的潮流。

一、非法人团体民法地位的比较法考察

关于非法人团体的法律地位问题，其他国家和地区的法律和理论上都有所涉及，综观各地的法律制度可以看出，各地处理和解决非法人团体地位的争议与其政治理念和社会发展变化密切相关。

（一）大陆法系国家的规定

1. 德国

德国在 1896 年的民法典中首次承认了法人的民事主体地位，《德国民法典》关于法人制度的规定，标志着近代民法中法人制度的确立。但此时的法律并不承认非法人团体的民事主体地位，将其视为与合伙并列存在的一种组织，并称之为"无权利能力社团"。后来德国学者基尔克（Gierke）大力倡导团体法理论，理论上遂认为非法人团体与合伙有本质差异。虽然 1877 年《德国民事诉讼法》承认非法人团体可以作为被诉主体，有消极的当事人能力。① 但后来的 1900 年《德国民法典》仍然规定："对于无权利能力的社团，适用关于合伙的规定。以这种社团的名义向第三人采取的法律行为，由行为人负个人责任；行为人为数人时，全体行为人作为连带债务人负其责任。"由此可见，在德国民法中，非法人团体不具有与自然人和法人同等的民事主体资格，这种不平等的地位使得非法人团体处于非常不利的境地，因此这种做法受到了不少学者的批判。随着社会的发展，立法者也似乎认识到，承认非法人团体的法律地位并不会产生不能接受的

---

① 1877 年《德国民事诉讼法》第 50 条第 2 款规定："无权利能力之社团可以被诉，在诉讼中，该社团具有有权利能力的社团之地位"。消极的当事人能力是指法律仅赋予非法人团体作为被告的资格，却不给非法人团体行使权利的资格。

不利后果，因而在后来颁布的《政党法》和《劳动诉讼法》中均赋予特定团体以完全的当事人能力。尽管如此，德国法仍然不承认非法人团体具有民事主体资格。

2. 日本

《日本民法典》没有对非法人团体做出规定。但是随着非法人团体的大量涌现，关于非法人团体的法律地位问题也开始受到关注。理论研究和司法判例做出的回应，使对非法人团体的法律地位问题的认识逐渐深化。理论界认为，对于实践中存在的各种形态的非法人团体，应从两个方面考虑其法律地位：其一，在何种条件下认可法人成立，属于国家政策问题，但只要不损害公共利益，就不应该抑制法人的成立，而应该尽量类推适用社团法人的规定；其二，由于非法人团体是否具备法人条件尚无法律规定，即使其以公益为目的，但其毕竟没有进行法人登记，不服从官方的监督，此外考虑到交易的安全性，所以也不能将其与法人完全等同看待。对于以上理论，日本通过判例加以回应，并确定了以下原则：首先，非法人团体的财产属全体成员"公同共有"，倘无特别协议，个别成员无持分权，退出时亦无财产分割请求权；其次，非法人团体代表人以团体名义进行交易所生之债务由全体成员共同承担，并仅以社团公同共有之财产负责，个别之成员（包括代表人）不直接承担债务和责任；再次，允许非法人团体之代表人以团体的名义行使权利，履行义务；最后，在财产权的登记方面，不允许非法人团体以社团名义或以附有该社团头衔的代表人名义进行登记，只允许代表人以其个人名义为其信托登记，等等。① 以上说明，日本判例突破了德国法的制度限制，承认非法人团体具有财产上的相对独立性。

3. 我国台湾地区

我国台湾地区的民法典也没有对非法人团体做出规定。但其

---

① ［日］四宫和夫：《日本民法总则》，台湾五南图书出版公司1995年版，第91页。

《民事诉讼法》第 40 条中规定："非法人团体，设有代表人或管理人者，有当事人能力。"即非法人团体具有诉讼主体资格，可以起诉或被诉，其财产可以成为强制执行的客体。同时我国台湾地区理论界非常强调非法人团体与合伙之间的区别，认为：第一，非法人团体相比于合伙而言，独立于社员之外的目的性更强，社员的个性也不如合伙人的个性那么明显；第二，非法人团体比合伙有更强的团体性，社团本身不会因社员的变更而受影响；第三，非法人团体的社员不参与经济事务，社团内部以社员总会为最高意思机关，对外由代表人以社团名义实施法律行为；第四，社会团体法人可以设立董事或其他机关，而合伙只能选任合伙代理人进行法律行为。[①] 由此可见，虽然我国台湾地区没有规定非法人团体的主体地位，但理论界刻意强调非法人团体与合伙之间的差别，目的在于证明非法人团体在法律地位上似乎更接近于法人，更倾向于赋予非法人团体以类似于法人的主体资格。

（二）英美法系国家的规定

与大陆法系国家的法律传统不同，英美法系国家不太钟情于法律的理论构建和逻辑论证，他们更注重法律的效用，追求实际效果，解决实际问题。所以英美法系的法律观念中充满了创造性，法律总是以宽容的态度对待生活中的创造。例如在美国，合伙存在着各种各样令人眼花缭乱的形式，美国《统一商法典》和各州的法律都把合伙看成法人的一种，规定合伙可以像法人一样拥有主体资格，可以参加诉讼，有独立的财产并且可以破产。《美国联邦地区法院民事诉讼规则》第 17 条第 2 款中规定："对合伙或非法人团体，该州的法律没有规定起诉或应诉的能力时，为了实现该当事人或对该当事人行使基于美国宪法或法律所享有的实体权利，可以以通常名义起诉或应诉。"因此在立法的推动下，美国的合伙得到了长足发展。由于英美法系没有民事主体理论的限制，法律的适用没有固定的模式，基于社会经济发展的需

---

① 史尚宽：《民法总论》，中国政法大学出版社 1998 年版，第 149 页。

要非法人团体被认为是一种具有权利能力和行为能力的组织体。①

二、我国非法人团体民法地位的立法现状及存在的问题

（一）我国非法人团体民法地位的立法现状

1. 实体法规定

我国《民法通则》沿用了大陆法系传统的二元制立法体例，将民事主体分为自然人和法人两类。但为了适应社会经济中的客观情况，我国在二元制民事主体的前提下又采取了变通的做法，即分别在第二章和第三章中规定了个体工商户、农村承包经营户、合伙及合伙型联营这些特殊的民事主体。但他们是包含在公民（自然人）这一部分当中的，并没有被独立出来，没有被明确地赋予民事权利能力，既不属于自然人的范畴，也不具有独立地位。这表明《民法通则》没有把非法人团体视为具有独立地位的民事主体。我国《合同法》第 2 条规定："合同是平等主体的自然人、法人、其他组织之间设立、变更、终止民事权利义务关系的协议。"这里将"其他组织"列入其中，使其与自然人、法人并列，可见非法人团体在《合同法》中有相应的民事权利能力和民事行为能力，至少具有合同主体资格。后来的《著作权法》、《商标法》、《担保法》等也都开始对《民法通则》的规定加以修正，在部分民事活动中，把非法人团体视作与自然人和法人有同等地位的民事主体。

此外，需要注意的是，我国《社会团体登记管理条例》第 3 条第 2 款的规定，社会团体必须具有法人资格。据此，非法人社团无法在登记管理部门获得登记。而又根据 2000 年 4 月 10 日民政部颁布的《取缔非法民间组织暂行办法》的规定，"未经登记，擅自以社会团体或者民办非企业单位名义进行活动"的情形被界定为非法民间组织。这使得非法人社团若以社团名义活动的话，就会被认定为"非法组织"。

---

① 贾桂茹：《市场交易的第三主体》，贵州人民出版社 1995 年版，第 1 页。

2. 程序法规定

我国《民事诉讼法》第 49 条第 1 款规定："公民、法人和其他组织可以作为民事诉讼的当事人。"《最高人民法院关于适用〈中华人民共和国民事诉讼法〉若干问题的意见》第 40 条中对《民事诉讼法》第 49 条中的"其他组织"（即非法人团体）作了释义，其他组织是指合法成立，有一定的组织机构和财产，但又不具有法人资格的组织，并以不完全列举的方式界定了"其他组织"的范围。此外，我国《行政诉讼法》第 2 条规定："公民、法人和其他组织认为行政机关和行政机关的工作人员的具体行政行为侵犯其合法权益，有权依照本法向人民法院提起诉讼。"由此可见，我国法人两大诉讼法均承认非法人团体具有诉讼法上的主体资格。

（二）我国非法人团体民法地位中存在的问题

1. 民事主体与民事诉讼主体相分离

总结我国关于非法人团体法律地位的规定，可以发现我国基本上形成了民事主体和民事诉讼主体相互分离的现象。作为民事基本法的《民法通则》尽管有合伙、合伙型联营、个体工商户、农村承包经营户的相关规定，但对这些社会组织的民法地位却没有明确界定，我国实体法中仍然坚守民事主体二元制的标准，并没有解决非法人团体民事主体资格的问题。而迫于实践当中大量非法人团体纠纷的存在，我国诉讼法又不得不赋予非法人团体以诉讼主体资格，使其能够参与到民事诉讼中来，成为诉讼法上的适格当事人。由此便产生了非法人团体不是实体法当中的民事主体，但却是诉讼法上的民事主体这一互相矛盾的局面，使得非法人团体的法律地位变得更加模糊和混乱。

2. 与公民自由结社权相冲突

《中华人民共和国宪法》第 35 条规定："中华人民共和国的公民具有言论、出版、集会、结社、游行示威的自由。"结社自由是宪法赋予人民的一项基本权利，它是指公民为一定宗旨，组织或者参加具有持续性的社会团体的自由，既包括政治性结社，也包括非政治性结社。① 而非法人团体依照自己的设立目的和宗旨组建的社会团体，正是公民行使自由结社权的具体体现。随着我国社会主义现代化建设的进一步推进，社会的政治、经济、文化等各个方面都得到了深入发展，各种经济组织、学术团体、文艺组织等都纷纷兴起，呈现出"百花齐放"的景象。但国家出于种种目的的考虑，没有赋予这些团体以主体资格，限制了非法人团体的行为，使得宪法意义上的结社自由与人们的实际生活还有一定距离。

三、非法人团体民法地位的理论争议及评说

（一）形式意义上的民事主体资格说

该学说主张非法人团体只具有形式意义上的主体资格，而没有实质意义上的主体资格。认为法律赋予团体以人格的目的，在于使其成为民法上权利义务的独立载体，即交易主体。而具有"实体性"的团体的存在，是赋予团体之人格的前提。团体人格可以分为两个不可分割的侧面：一种是"形式人格"，既法人可以以自己的名义实施法律行为；一种是"实质人格"，即法人可以独立的享有财产权利，独立承担财产责任。正因如此，非法人团体绝对不可能当然具备法人人格。表面看来，非法人团体似乎与法人一样，能够以自己的名义独立的对外订立合同。但是，由于其既不能独立的享有财产权利，也不能独立承担财产义务，所以非法人团体仅具有团体人格的形式而没有团体人格的实质。②

这种理论采用分而析之的方式，深刻地剖析了非法人团体的特性，抓住了当前非法人团体问题的矛盾所在，很好地维护了传统民法理论的完整性。但是，将团体人格分成"形式人格"和"实质人格"，只是分析问题的方式，对于理解非法人团体的特

---

① 刘哲玮：《非法人社团民事主体资格刍论》，载《新疆社会科学》2005 年第4 期。

② 尹田：《论非法人团体的法律地位》，载《现代法学》2002 年第 5 期。

征固然有好处，可实际问题并没有得到解决，答案仍然很模糊。

（二）"次法人"资格说

"次法人"说认为传统民法所规定的法律主体，已经被自然人和法人所占据，而非法人团体尚不具备法人的资格，所以非法人团体只能寻求"次法人"主体的地位。其理由在于：《合伙企业法》中合伙组织在特定环节承担法律责任的规定表明，合伙组织对外实质上担当了法人所承担的角色，同时，合伙财产不足清偿合伙企业的债务时，合伙人承担无限连带责任的性质又表明，合伙组织不具有法人的资格，只能说其属于一种"次法人"的人格体。由合伙组织的"次法人"人格体，得出也赋予非法人团体"次法人"地位，使其真正成为一类独特民事主体的结论。这样，非法人团体在实体法上就具有了双重性质。一方面，在经营过程中，对不超过现有财产的对外债务，可以由非法人团体独立承担。在此情形下，非法人团体有类似于法人的法律地位。另一方面，当非法人团体的财产不足以清偿其所负债务时，由组成非法人团体的成员、投资人对其所欠债务承担无限连带责任。同时在程序法上应承认非法人团体具有独立的诉权，可以以自己的名义参加诉讼，具有民事诉讼的主体资格。①

这种观点有许多不足之处，首先认为法律主体已经被自然人和法人占据的说法是值得商榷的，因为法人制度本身就是立法技术的产物，是为了适应社会发展的需要而人为地创造出来的。虽然法人和自然人是目前被广泛承认的法律主体，但并不等于法律主体就只包括这两种，随着社会经济发展的需要，很有可能会再产生其他法律主体；其次，以合伙作为例证，说明非法人团体具有"次法人"地位，也有类推的嫌疑，难以让人信服。

（三）法人资格说

法人资格说认为，由于"法人"概念本身就是纯粹的立法技术产物，是应立法政策的需要而产生的，而非法人团体的产生

---

① 眭鸿明：《权利确认与民法机理》，法律出版社 2003 年版，第 291 页。

也是源于社会需要，应该将"非法人团体"涵盖到"法人"的概念当中，纳入到"法人"的体系里。原因为：其一，《德国民法典》中规定的"法人"是指所有经过登记而具有法律主体资格的团体，在整个制定法中不存在自然人、法人以外的"人"，所以"团体"一旦成为民事主体，就可以称之为"法人"；其二，我国对法人制度的认识存在着误区，认为承担有限责任的团体才称之为"法人"，承担无限责任的团体就不具有主体资格，这种认识不符合团体人格的理念。①

这种观点的目的在于确立一种开放式的民事主体结构，以便今后出现新的团体时也可以纳入到"法人"的范畴当中来，实际上是把法人的条件和民事主体的条件等同起来了。但法人和非法人团体毕竟是两类不同的组织，法人的出现，是对经济社会发展需要的一种呼应，经济社会的发展迫切需要一种发起人承担有限责任的经济组织获得法律的承认，② 所以法人制度应运而生。正是这种发起人承担有限责任的特性，吸引了出资者参与其中，这也是法人区别于非法人团体的重要特征，忽略两者之间的区别，必然会使法人的标准变得不清晰。

四、我国未来民法典中非法人团体的民法地位

（一）赋予非法人团体民事主体资格的合理性

1. 民事权利能力与民事主体资格

现代民法上所说的权利能力指的是承受民事权利义务的主体资格。③ 权利能力制度最早出现于 1896 年颁布的《德国民法典》，该法典第 1 条规定了自然人的权利能力始于出生，第 21 条至第 23 条规定了社团的权利能力通过登记或许可取得。然而，

---

① 申丽凤：《民法典应确立二元民事主体结构——以"非法人团体"问题为中心》，载《河北法学》2004 年第 6 期。

② 谭启平、朱涛：《论非法人团体的法律地位》，载《云南大学学报》2004 年第 4 期。

③ 尹田：《民法典总则之理论与立法研究》，法律出版社 2010 年版，第 298 页。

大陆法系国家大多把权利能力与主体资格的关系理解成拥有权利能力是取得主体资格的前提条件，原因在于，《德国民法典》第54条又规定了无权利能力的社团适用合伙的规定，而《德国民法典》中确认的民事主体只有自然人和法人两种，所以，没有权利能力也就不能成为民事主体。此后许多大陆法系国家的立法均引入这一理论模式，纷纷效仿德国，将非法人团体视为没有权利能力不具有主体资格的组织体。

其实，分析《德国民法典》有关权利能力和主体资格的规定可以发现，其并没有把权利能力的取得当成主体资格取得的前提。从其第21条至第23条的规定可以看出，社团的权利能力是通过登记或者许可的方式取得的，而无论登记方式还是许可方式都是法律所认定的，所以也可以说社团的权利能力是法律赋予的，如果说取得民事主体资格的前提是拥有权利能力，而权利能力本身又是法律赋予的，那么就可以推导出具有民事主体资格的前提是法律的承认，也就是说，法律赋予某一实体以主体资格，他就可以拥有主体资格。《德国民法典》之所以着重强调非法人团体是无权利能力的社团是出于政治目的的考虑，对此迪特尔·梅迪库斯曾指出："德国法上的规定不利于无权利能力社团，使为无权利能力社团从事行为的人面临着风险，从而打击从事这种行为的积极性，也未给他们主张请求权的权利。德国民法典对无权利能力社团做出如此不妥当的、不利的规定，并非出于立法者的疏忽，毋宁说，这是一种蓄意的做法，其目的在于促使社团取得权利能力。"① 这样更便于国家的监督和管理。

从《德国民法典》制定的历史角度来看，法人制度和权利能力概念都是由德国首创的，然而两者的存在却不是由于某种机缘巧合，而是立法者有意而为之。《德国民法典》制定之前，民法上具有民事主体资格的只有自然人一种，由于商品经济的迅速发展，为了弥补自然人能力的不足，便产生了一些适应社会化大

---

① ［德］梅迪库斯：《德国民法总论》，法律出版社2000年版，第853页。

生产，发起人承担有限责任的组织，法律为了顺应经济发展的需要，便赋予这些组织以主体资格，并称之为"法人"。法人主体的出现，打破了自然人主体一元制的结构模式，为了给法人主体的产生提供理论上的支持，德国人创造出来权利能力这个极其抽象的概念，来表示自然人主体和法人主体这两个相差甚远的主体之间有着本质上的共通性。因此，"权利能力"这个概念只是民事主体一个抽象的共同特征，并不能成为取得主体资格的实质要件。非法人团体不具有权利能力，是因为法律没有赋予其民事主体资格，而不是没有权利能力导致其不能成为民事主体。

2. 民事责任能力与民事主体资格

一直以来，拥有责任能力被视为具有主体资格的另外一个条件，从我国《民法通则》第37条的规定可以看出，我国把有必要的财产和经费，能独立承担民事责任视为法人成立的条件，那些不能独立承担责任，出资人负有连带责任的组织则不属于民事主体。正是责任能力的独立性问题，成了区分法人和非法人团体的主要界限。然而法人责任的独立性本身就不是绝对的，事实上，认为独立责任为法人先决条件的我国就无法全面贯彻这一原则。在我国法人的分类中，除了企业法人之外，还包括机关法人和事业单位法人，对于机关法人来说，其性质和职责决定了其没有独立的财产，不能破产，也不能独立的承担民事责任，它的债务由上级机关或者国家承担连带责任。同样，事业单位法人由于自身的社会公益职能，也不能破产，不能独立承担民事责任。由此看来，承担独立责任并不是取得法人资格的前提，具有独立的责任能力只是法人取得人格的一种"最高形态"的后果，而责任能力越高就证明法人人格的独立性程度越高。例如，未成年人和成年人都是民事主体，一般而言，未成年人不具有完全的民事责任能力，不能独立承担责任，往往需要其监护人代其承担责任，而成年人具有完全的民事责任能力，可以自己承担责任。所以，一般来说，成年人比未成年人具有更高的人格独立性，二者的区别存在于民事行为能力和民事责任能力上，但二者在主体资格的享有上是无差别的。

（二）非法人团体的民法制度构造

1. 非法人团体与其成员的关系

成员是非法人团体必不可少的组成部分，非法人团体的财产和意志都离不开成员而单独存在。一般来说，非法人团体的成员有两类：一类是非法人团体机关成员，这类成员是对外代表非法人团体进行民事行为的成员；另一类是非法人团体的一般成员。非法人团体机关成员和一般成员的区别在于团体内部职位上的不同，但两者同为非法人团体的成员，其法律地位是完全平等的。如果是营利性团体，那么他们同为出资人；如果是非营利社团，那么他们同为会员。对于非法人团体机关成员来说，按照《中国民法典草案建议稿》第 91 条规定：非法人组织的主要负责人是非法人组织的法定代表人。非法人组织的法定代表人的行为，准用本法有关法人的法定代表人的规定[1]。可见，非法人团体与其代表人的关系可以直接依照有关法人的规定处理。对于非法人团体的一般成员来说，其通常不执行非法人团体的事务，但在对外进行民事行为时，只要是以非法人团体名义所为的行为，行为效果与非法人团体机关成员的行为效果一样，都归属于非法人团体。此时成员的责任就是非法人团体的责任。

2. 非法人团体的财产性质

总体来说，非法人团体的财产具有相对独立性。[2] 这种财产的相对独立性表现为在非法人团体成立之初，成员缴纳的出资形成了非法人团体的财产，在非法人团体的整个运行期间，非法人团体的意志独立于其成员的意志，成员的财产也已经和非法人团体的财产相分离，这时非法人团体的财产是独立于其成员而存在的。当非法人团体由于解散、依法被撤销或破产等原因而终止

---

[1] 梁慧星主编：《中国民法典草案建议稿》（第二版），法律出版社 2011 年版。
[2] 王磊：《论非法人团体的民事责任能力》，载《法制与社会》2009 年 9 月（下）。

时，如果其自身的财产能够清偿债务，则以其自身所有的全部财产清偿，而无须依赖于其成员的财产，因而此时非法人团体的财产也是独立的。如果非法人团体终止时，其自身的财产不足以清偿全部债务，就要由非法人团体成员以团体之外的其他财产承担无限连带责任，在这种情况下非法人团体就要依附于其成员的财产，也只有在这种情形下非法人团体的财产才不具有独立性。

3. 非法人团体的民事责任承担

非法人团体财产的相对独立性决定了其民事责任的相对独立性。非法人团体的民事责任是一种补充性的连带责任，以其成员承担无限连带责任为基本特征。可以说，正是由于非法人团体成员承担无限连带责任的特征，成为了法律不承认非法人团体民事主体地位的主要原因。相比之下，法人财产具有完全的独立性，因而法人承担的责任是有限责任。然而责任的有限性并不是针对主体本身而言的，而是针对其组织成员而言的。实际上，无论是法人还是非法人团体，对自身债务承担的都是无限责任，不管其责任承担之后是否还会有其他人承担补充性的责任，它们均已经承担了自己所能承担的独立责任。所不同的是，非法人团体在责任承担上没有法人那样更加具有彻底性和排他性，如果非法人团体的财产不足以清偿全部债务时，其成员要承担补充性的连带责任。由此可见，非法人团体责任的相对独立性并不是绝对的，很多情况下非法人团体是可以独立承担民事责任的。

结　语

法律是一种思维活动，其本质是用来调整社会生活的，法律不应单靠逻辑而生，必须紧跟社会发展的步伐，在生活中得到丰富和发展。"一个法律制度，如果跟不上时代的需要或要求，而且死死抱住上个时代的只是短暂意义的概念不放，那是没有什么可取之处的。在一个变幻不定的世界中，如果法律仅仅视为一种

永恒性的工具，那么它就不能有效地发挥作用。"① 法律规范和
确定何者可以成为民事主体并不是任意的，而是由一定的社会物
质生活条件所决定的，所以我们也应该突破传统观念，以开放的
精神和眼光看待非法人团体的法律地位。因此，无论是从民事主
体产生的制度根源来说，还是从社会生活的实际需要来说，赋予
非法人团体以民事主体资格，都是调整社会利益关系的必然要
求，也是法律发展进步的趋势所在。

参考文献

1. 尹田：《民法典总论之理论与立法研究》，法律出版社 2010 年版。

2. ［德］梅迪库斯：《德国民法总论》，法律出版社 2000 年版。

3. 龙卫球：《民法总论》（第二版），中国法制出版社 2002 年版。

4. ［美］E. 博登海默著：《法理学：法律哲学与法律方法》，邓正来译，中国政法大学出版社 2004 年版。

5. 梁慧星主编：《中国民法典草案建议稿》（第二版），法律出版社 2011 年版。

6. 薛麦风：《民商事组织形态法律制度的研究》，法律出版社 2011 年版。

7. 尹田：《论非法人团体的法律地位》，载《现代法学》2002 年第 5 期。

8. 张力：《法人与非法人组织的体系区隔及其突破——以"类型序列论"改造〈民法通则〉第 37 条》，载《甘肃政法学院学报》2007 年第 5 期。

9. 谭启平、朱涛：《论非法人团体的法律地位》，载《云南大学学报》2004 年第 4 期。

10. 眭鸿明、陈爱武：《非法人组织的困境及其法律地位》，载《学术研究》2004 年第 5 期。

---

① ［美］E. 博登海默：《法理学：法律哲学与法律方法》，邓正来译，中国政法大学出版社 2004 年版，第 340 页。

11. 王磊：《论非法人团体的民事责任能力》，载《法制与社会》2009年9月刊（下）。

12. 申丽凤：《民法典应确立二元民事主体结构——以"非法人团体"问题为中心》，载《河北法学》2004年第6期。

13. 刘哲玮：《非法人社团民事主体资格刍论》，载《新疆社会科学》2005年第4期。

论社会组织在社会管理中的作用

田宝会[*]

摘　要　作为以非营利性、社会服务性、群体自治性、互利互助性等基本特征，以公益性或互益性为活动方式，独立于党政体系、企业之外的正式组织，社会组织参与社会管理具有天然正当性和合理性。社会组织在社会管理创新中的重要作用主要体现在，积极承接政府转移的相关职能，维护市场竞争秩序，为经济社会发展提供咨询服务，促进社会公益事业发展，推进和谐社区建设和社会稳定。

关键词　社会组织　社会管理　作用

党的十七大提出，"健全党委领导、政府负责、社会协同、公众参与的社会管理格局"。党的十八大报告明确提出，"要围绕构建中国特色社会主义社会管理体系，加快形成党委领导、政府负责、社会协同、公众参与、法治保障的社会管理体制，加快形成政府主导、覆盖城乡、可持续的基本公共服务体系，加快形成政社分开，权责明确、依法自治的现代社会组织体制。"这里讲的"公众参与"，主要是指公民个人或公民群体参与社会管理；"社会协同"，主要是指社会组织通过内部和外部的沟通、协商、谈判，取得相互理解或利益平衡的结果。一般来说，公民群体的参与比公民个人参与发挥的作用大，但公民群体不具备社会组织的内外协同能力。相比而言，社会组织在社会管理中的作用更大。

＊　田宝会，河北经贸大学法学院教授。

一、社会组织的概念及其种类

在社会科学中，社会组织有广义、狭义之分。广义的社会组织是指人们从事共同活动的所有群体形式，包括氏族、家庭、秘密团体、政府、军队和学校等。狭义的社会组织是为了实现特定的目标而有意识地组合起来的社会群体，如企业、政府、学校、医院、社会团体等。它只是指人类的组织形式中的一部分，是人们为了特定目的而组建的稳定的合作形式。

中国的一些学者根据人们社会结合的形式和人们之间社会关系的表现，将社会组织分为经济组织，政治组织，文化、教育、科研组织，群众组织和宗教组织等几种类型。组织类型的划分都是相对的，人们可以从研究和分析的需要出发，选择恰当的分类标准。

然而，社会建设中的社会组织却有其特定含义。在国际上，由于各国在文化传统和语言习惯方面存在着不同，社会组织在不同的国家和地区有多种不同的称谓。如非政府组织、非营利组织、公民社会、第三部门或独立部门、志愿者组织、慈善组织、免税组织等。这些叫法在内涵上区别不大。与政府、企业相区别，社会组织具有组织合法性、非营利性、非政府性、社会服务性、群体自治性、互利互助性等基本特征。

在中国，"社会"一词是1900年左右进入的外来语，在相当长的时间里，社会被国家"吞噬"，在人们的习惯用语中，"社会"往往意味着不信任与敌对，如"社会闲杂人员"、"社会盲流"等。根据国务院1989年颁布的《社会团体登记管理条例》，民间组织必须挂靠主管单位方能登记注册。这被民间组织戏称为"找婆婆"，不是件容易的事。中央编译局副局长俞可平曾对媒体表示，在中国至少有300万个未登记的社会组织，近九成民间组织处于"非法状态"。以至于到今天也还如钟南山所说，许多社会组织尚未真正发挥作用，"政府该管的和不该管的搞不太清楚。想要调动社会组织积极性，不做体制改革，很难做到。"①

2007 年，我国开始正式用"社会组织"代替"民间组织"。"民间组织"的"民间"是与"政府"、"官方"相对应的，反映了传统社会政治秩序中"官"与"民"相对应的角色关系，容易让人误解民间组织是与政府相对应甚至是相对立的。因此在新的形势下，党的十六届六中全会和党的十七大把民间组织纳入了社会建设与管理、构建和谐社会的工作大局，对传统的提法进行改造，提出了"社会组织"这一称谓。社会组织称谓的提出和使用，有利于纠正社会上对这类组织存在的片面认识，形成各方面重视和支持这类组织的共识。

从目前来看，我国将社会组织分为三类，即社会团体、基金会和民办非企业单位。社会团体是由公民或企事业单位自愿组成、按章程开展活动的社会组织，包括行业性社团、学术性社团、专业性社团和联合性社团。基金会是利用捐赠财产从事公益事业的社会组织，包括公募基金会和非公募基金会。民办非企业单位是由企业事业单位、社会团体和其他社会力量以及公民个人利用非国有资产举办的、从事社会服务活动的社会组织，分为教育、卫生、科技、文化、劳动、民政、体育、中介服务和法律服务等十大类。

综上，我们认为，我国的社会组织主要是指包括社会团体、民办非企业单位、基金会等在内的，以非营利性为特征，以公益性或互益性为活动方式，独立于党政体系、企业之外的正式组织。

目前，从总量看，我国社会组织总体上处于快速发展时期。有学者对社会组织总量与结构发展趋势进行了实证分析。据他统计，2006 年全国社会组织总量为 35.4 万个，2011 年达到 46.2

---

① 《叶剑英女儿谈社会管理创新：政府不可能什么都管好》，载《中国青年报》2012 年 3 月 10 日。

万个，年均增长率为 5.47%。同期，社会团体从 19.2 万个发展到 25.5 万个，年均增长率为 5.84%；民办非企业单位从 16.1 万个发展到 20.4 万个，年均增长率为 4.85%；基金会从 1144 个发展到 2614 个，年均增长率为 17.97%。可以看出，基金会基数很小，发展最快；社会团体基数较大，发展较快；民办非企业单位基数最大，发展最慢。从结构看，2006 年到 2011 年各类社会组织在全国社会组织中所占的比例变化情况为：社会团体从 54.16% 变为 55.26%，略有上升；民办非企业单位从 45.52% 变为 44.18%，略有下降；基金会从 0.32% 变为 0.57%，有一定上升。他分析指出，除了基数问题，造成基金会发展最快、民办非企业单位发展最慢且所占比重下降的主要原因是：社会团体、基金会的业务主管部门容易明确，特别是基金会类的社会组织大都是政府各职能部门办的，因而容易获得批准；而民办非企业单位不容易获得业务主管部门的批准，难以在民政部门登记，有的甚至不得不到工商部门登记注册。他认为，未来一个时期，社会建设将继续得到各级政府的高度重视，社会管理创新将继续向前推进，社会事业将继续快速发展。这些都将为社会组织参与社会建设提供良好机遇和环境。[①]

二、社会组织参与社会管理的依据和条件

（一）社会组织参与社会管理的依据

1. 社会组织参与社会管理具有天然正当性和合理性

从现代民主政府的性质来看，现代民主政府是民众出于维护自身利益而共同选择和设计的一种工具，官员是民众聘用和挑选来为自己利益服务的"职业经理人"，即"人民的公仆"。因此，现代民主政府和政府官员的使命和职责就是为人民服务。政府各项管理职能的出发点和归宿点都是为民服务。管理就是服务。作

---

① 徐振斌：《我国社会组织参与社会建设趋势分析》，http://www.aisixiang.com/data/58229.html。

为以非营利性、社会服务性、群体自治性、互利互助性等基本特征，以公益性或互益性为活动方式，独立于党政体系、企业之外的正式组织，社会组织参与社会管理具有天然正当性和合理性。

依法有序地推进社会组织的健康发展，是社会建设的重要任务。社会建设的总要求是最大限度激发社会活力、最大限度增加和谐因素、最大限度减少不和谐因素。社会组织的发展以及广泛地开展服务社会的活动，能够使社会更具有活力，能够促进社会的进步与和谐。

2. 社会组织参与社会建设的社会和经济效益显著

近年来，社会组织参与社会建设的社会和经济效益越来越明显。在社会效益方面，以年末职工人数为例，2006 年年底全国社会组织职工人数为 425.2 万人，到 2011 年年底达到 599.3 万人，年均增长率为 7.11%。不断增加的社会组织已成为扩大就业的一个新亮点。在经济效益方面，以社会组织实现的增加值为例，2006 年我国社会组织实现的增加值为 112.17 亿元，到 2011 年年底达到 660 亿元，年均增长率为 42.54%。未来一个时期，社会组织将进一步成为社会建设不可或缺的主体。社会团体、基金会的职能作用有待进一步开发，组织建设需要进一步完善，在数量上还会有一定的增长空间，这些都将带来更大的社会和经济效益；尤其是类型众多的民办非企业单位将如雨后春笋般地成长，必将释放出巨大的社会和经济效益能量。[1]

（二）社会组织参与社会管理所需要的环境和条件

国家应当采取切实有效的措施，大力推进社会组织健康发展。

1. 政策创新，营造健康良好的制度环境

根据实际需要，调整社会组织的结构布局，加强分类指导，重点培育和扶持一批公益性、服务类社会组织，加强对现有社会

---

[1] 徐振斌：《我国社会组织参与社会建设趋势分析》，http://www.aisixiang.com/data/58229.html。

组织的规范，利用政府资金、场地、政策的扶持，打造社会组织孵化基地，为社会组织持续健康发展创造良好的制度环境。

2. 机制创新，形成统筹协调的监管体系

改变长期以来"重登记、轻定位、松管理"的状况，从大局着眼，注重社会资源的良性融合并向规范管理方向转变，健全社会组织自律机制，提高社会组织的自身发展能力和社会公信力，建立社会组织绩效评估制度，建立科学的评估指标和完善的评估体系，建立健全社会组织准入机制和退出机制。

3. 完善社会组织工作机制，充分发挥其社会服务功能

社会组织必须接受党和国家的领导、依法开展工作，这是前提。但是，社会组织同政府的性质完全不同，其社会功能主要为所代表的群体服务。因此，社会组织必须回归其为"服务社会"的性质。

4. 有序扩大社会组织队伍，满足社会多样性需求

我国社会正处于社会成员利益多元化、阶层多元化的变迁状态。各社会阶层都需要有代表自身利益的社会组织，表达自身的利益诉求、解决与自身利益相关的社会矛盾。扩大社会组织队伍是社会发展的需要。因此，国家应当有序放松政策，培育和发展社会组织，引导其发挥解决社会矛盾的作用。尤其应当鼓励发展公益性组织，并通过这类社会组织影响整个社会风气的改善。

5. 加大政府投入力度，规范对社会组织的管理

这里的"加大投入"包括三层含义：其一，政治资源投入。重点是政策、规范等；其二，管理力量投入。重点是对各类社会组织进行考察，引导它们开展更多的公益性活动，总结推广它们的成功经验，及时纠正一些社会组织不符合法律规范或规章的行为等。其三，必要资金投入。资金的投入可以分为两大类：一类是为政府服务而给予的服务费用，如社会调查、课题论证等；一类是为引导社会组织更好地服务社会提供的必要经费，主要是政府及相关部门对群众性的文化体育组织、青少年组织相关活动的资助等。

6. 统筹兼顾，加强社会组织的人才建设

把社会组织人才队伍建设纳入各级政府部门的人才培养计划，制订培训计划，广泛开展社区社会组织负责人和专职人员培训，努力培养一批政策理论素养高、法律意识强、工作能力和专业化服务水平高的社区社会组织领军人物。

三、社会组织在社会管理中具有不可或缺的作用

作为社会建设与社会管理的主体之一，社会组织在社会管理中具有不可或缺的重要作用。

（一）协调社会矛盾

当前，中国的所有制结构多元化、人们获得利益的途径多元化，各利益阶层和群体间的矛盾比过去更加错综复杂。长期以来，由于缺乏基层自治组织，不善于发挥社会团体的作用，导致大量社会矛盾的协调要由行政、司法机关作为"第三方"，基层政府和法院成为"消防队"、"灭火器"，纠缠在大量社会矛盾中，疲于奔命。事实上，大量社会矛盾完全可以由社会组织作为"第三方"加以协调和化解，达到维护社会稳定、和谐社会关系的效果。劳资双方的矛盾可以通过工会组织加以协调，消费者与经营者之间的矛盾可以由"消费者协会"加以协调，邻里之间的矛盾可以由社区自治组织调解。当然，在社会组织协调无效的情况下，当事人仍可选择政府相关部门或者法院等具有更权威的国家机关解决或判决。

（二）规范社会行为

社会组织通过制定相关规章，规范内部成员的社会行为，促进社会组织成员带头遵纪守法、遵守职业道德和社会公德，最大限度地减少社会组织内部的矛盾发生。而社会组织内部的和谐也能够对整个社会的和谐起到示范效应。因为社会组织的"公约"、"章程"虽然不具有法律法规的强制力，但是在社会组织内部具有约束力，对于社会其他成员也有一定的影响力。内部的约束力与外部的影响力共同作用的结果，能够大大地改善社会风气。

（三）解决社会问题

社会组织存在的价值就在于解决社会问题。由于社会组织类型的多样性，解决社会问题的内容也具有多样性。大体而论，社会组织能够解决以下几类的社会问题。

一是决策的前期论证问题。中国特色社会主义是一项探索性的事业。大量"摸着石头过河"的零星、实证经验，需要社会科学工作者加以分析和总结，从中寻求规律性的东西。就一个地方或一个行业的某项发展而论，需要有科学的、理性的思维，在充分调查研究的基础上，做出实施方案的前期工作。这类工作由非政府背景的社会组织来承担，会大大减少人治因素的干扰，结论比较客观公平、方案比较切实可行。

二是创新攻关问题。创新力和创造力是社会活力的主要体现。当今社会，任何一项重大的技术创新，很难由一个人或少数人来完成。在技术创新、经济建设创新、民主法治建设创新、文化建设创新、社会建设创新中，社会组织都可以发挥其人才优势、调研优势，做出更多的贡献。

三是社会矛盾化解问题。社会组织是化解社会矛盾的重要力量。在我国，社区组织分布最为广泛，一般性的社会矛盾都可以通过社区解决。社区志愿者组织、慈善组织、残疾人组织、宗教组织等，对于化解特殊群体的社会矛盾，都能够大有作为。

四、社会组织在社会管理中的作用范围和领域

社会组织在社会管理创新中的重要作用主要体现在，积极承接政府转移的相关职能，维护市场竞争秩序，为经济社会发展提供咨询服务，促进社会公益事业发展，推进和谐社区建设和社会稳定。具体来说，其作用范围和领域主要包括：

（一）参与社会治理、提供社会服务

社会组织参与社会治理、提供社会服务大有可为。通过积极鼓励社会组织参与社会治理、从事社会公益事业和各种社会服务活动，能够形成行政管理与社会自治互联、政府工作与社会工作

互补、政府力量与社会资源互动的良性机制,快速和有效地解决一系列社会问题。

（二）沟通政府与社会

社会组织在沟通政府与社会、社会各阶层间关系方面能够发挥桥梁和纽带的作用。和谐社会需要在政府与社会、社会各阶层间有畅通、多元的沟通渠道。各社会组织代表了各自成员的利益和要求,因而能够协助政府从事法律、法规和政策的制定,这不仅能够保证法律、法规和政策的准确性与可行性,而且也能充分体现社会公平和公正。通过社会组织这一政府与社会的沟通渠道,能够使社会的管理者和民众实现更多、更广、更直接的交流。

（三）有效配置和整合社会资源

社会组织参与社会管理,能够在促进社会资源的有效配置和整合方面发挥重要作用。和谐社会需要有效的社会资源配置。社会组织作为政府和市场的中间地带,在配置社会资源,推动生产力水平的提高,推进国民经济持续快速健康发展方面都能够发挥积极作用。因此,应充分利用社会组织具有行业指导、自律、协调和监督的鲜明特点和功能优势,发挥其在社会主义市场经济体制建立和完善中的应有作用,降低地方政府盲目干预经济活动所产生的不良后果。

（四）提供社会公共服务产品

社会组织在提供社会公共服务产品方面也能发挥重要作用。社会组织是社会公共服务产品的主要提供者之一,是对政府提供社会公共服务产品的重要补充。政府应充分利用社会组织通过从事社会公益事业和各种社会服务活动,帮助解决部分社会问题,尤其是一些边缘性的问题,如协助政府整合社区资源、解决社区群众的生活困难、关注弱势群体、扶贫助学等,使经济社会发展的成果能够惠及最广大的人民群众。

（五）反映群众诉求、协调利益关系

社会组织能够在反映群众诉求、协调利益关系方面发挥作用。随着经济社会的不断发展，人民群众的利益诉求日益多样化，党和政府与群众之间需要有畅通的渠道进行沟通。社会组织充分吸纳不同方面的合理意见和建议，在国家与分散的社会成员之间形成一种中介力量，成为党和政府与社会成员之间的重要联系纽带，可以促进政府行政管理与基层群众自治的有效衔接。

（六）推动文化发展、促进社会和谐

社会组织不仅广泛开展贴近实际、贴近生活、贴近群众，把社会效益摆在首位的群众文化活动，而且还提供丰富多彩、生动活泼、健康向上的文化产品和文化服务，满足人民群众日益增长的精神文化需要。同时，社会组织聚集了众多专家学者，通过广泛的学术研究和学术交流活动，能够促进科技创新和普及应用。社会组织也是和谐文化建设的重要社会力量，它以社会的和谐、和睦为价值，坚持以人为本，追求社会至善，关心共同利益，能够促进社会主义精神文明建设与社会和谐发展。

（七）维护社会稳定

社会管理的一项基本任务就是解决社会问题、化解社会矛盾、保持社会稳定。维护社会稳定是政府管理的重点和难点。社会组织在社会管理中能够充当社会矛盾的"安全阀"，扎根于人民群众之中的社会组织能够在第一时间发出信号，早觉察，早处置，就可以避免局部矛盾酿成全局性冲突；在社会冲突发生以后，社会组织又可以充当化解矛盾的"润滑剂"、"稀释剂"的角色。因此，加强和创新社会管理，解决影响社会和谐稳定突出问题，维护人民群众权益，促进社会公平正义，保持社会良好秩序，必须充分发挥社会组织在维护社会稳定方面的重要作用。

（八）参与国际非政府组织活动

社会组织具有社会性、广泛性、活跃性、渗透性特点，它在国际交流与交往中具有无可替代的作用。通过与外国非政府组织进行合作等方式，能够开发、引进和利用国外的知识、技术和资本等资源，促进我国的经济发展。因此，国家应当鼓励社会组织积极参与国际合作和国际非政府组织间的活动，使我国的国家利益和愿望较多地体现在国际性民间与官方的决策之中。

参考文献

1. 温家宝：《公共服务可适当交给社会组织承担》，2012 年 03 月 19 日，新华网。

2. 李昌平：《加快社会建设必须改革"社会全能政府"》，来源：http：// www. zgxcfx. com/Article_ Show. asp？ ArticleID = 54427。

3. 蒋伏虎：《论社会组织在社会管理中的作用》，参见扬州政协网， http：//www. yzzx. gov. cn/article. asp？ articleid = 14698。

4. 晓正：《民间组织成社会治理重要主体》，参见中国乡村发现网， http：//www. zgxcfx. com/Article_ Show. asp？ ArticleID = 53987。

5. 鲁彩荣：《切实提高创新社会管理的能力和水平》，参见中国乡村发现网，http：//www. zgxcfx. com/Article_ Show. asp？ ArticleID = 54339。

6. 徐振斌：《我国社会组织参与社会建设趋势分析》，参见 http：//www. aisixiang. com/data/58229. html。

历史视域

中国古代民间组织"社"之类型

高 楠[*]

摘 要 在中国古代社会的发展进程中，"社"这一民间团体逐渐突破了地域限制，类型越来越丰富。作为基层社会与政府对话和沟通的重要渠道，各类型的"社"对平衡基层社会与国家之间的矛盾和冲突，发挥着重要的作用。

关键词 中国古代社会 民间组织 "社"

从 2004 年至 2011 年，当今高层为推动社会发展，先后提出了"推进—完善—创新—提高"社会管理的决策。社会管理离不开社会组织，社会组织又称民间组织，社会组织是我国十七大之后的说法，国外称非政府组织，公益性和非营利性是其最主要的特征。不同的历史时期，介于政府与社会之间的民间组织是基层社会与政府对话和沟通的重要渠道，对平衡基层社会与国家之间的矛盾和冲突，发挥着重要作用。所以，非常有必要对中国古代民间组织进行考察。

中国古代的民间组织，类型丰富，功能各异。在林林总总的慈善团体、金融合会、行会商会、文化团体、宗教会社等民间组织中，"社"的发展不容忽视。目前学界对"社"的讨论，成果

---

* 高楠，河北经贸大学法学院教授，博士。

丰硕，多是断代研究。① 这种研究理路虽有其优点，但分析对象较为单一，缺乏整体史观，无法展现"社"这一民间组织的发展历程。有鉴于此，本文拟打破朝代壁垒，梳理"社"的类型，同时兼论"社"在基层社会中的重要地位。希望透过多种多样的"社"，丰富和深化对中国古代民间组织的认识。社的类型取决于划分标准，按照"社"员所处地域不同，有农村社和城市社之分；依据其性质来区分，则有官社和私社之别；若以其功能为标杆，则有祭祀之社、宗教之社和武装之社等区别。本文的分类采取最后一种分法。但需要说明的是，因各类型社的功能有的单一，有的复杂，且随着时代的变迁，某些社的功能前后也有变化，所以在以功能对"社"进行定位论述的过程中，前后所论可能稍有交叉。

一、祭祀之社

"封土立社而示有土尊"，这是社的本意。《白虎通·社稷》曰："王者所以有社稷何？为天下求福报功。人非土不立，非谷不食。土地广博，不可遍敬也；五谷众多，不可一一祭也。故封土立社，示有土尊。"可见，"社"最早源于人们对土地的自然崇拜。西周时，"社"是各级宗法贵族权力的象征，在层层分封之后，就要封土立社，表明自己对这一方土地的神授权力，所以，最初的"社"是土地所有权的象征。春秋战国时代，随着宗族土地占有制的消亡，"社"在乡村社会中作为土地权力象征的意义也在逐渐消亡，与之相应，则是对土地的自然崇拜被土地

---

① 此类著作很多，主要有郝春文：《两晋·南北朝时期的法社》，载《北京师范学院学报》1992 年第 1 期；赵超：《"东魏武定元年聂显标邑义六十余人造四面佛像"考》，载《中国历史文物》2007 年第 6 期；钟稚鸥、马德鸿：《东魏〈邑义五百余人造像碑〉考释》，载《故宫博物院院刊》2009 年第 3 期；郝春文：《隋唐五代宋初佛社与寺院的关系》，载《敦煌学辑刊》1990 年第 1 期；王昆仑：《河北弓箭社考略》，载《山东体育学院学报》2009 年第 11 期；林友标：《苏轼与弓箭社探析》，载《体育文化导刊》2010 年第 2 期。

神（即社神）崇拜所取代，"社"成了具有人格意义的神灵。两汉时代，人们仍然普遍地认为，社神是保佑一方平安、福佑一社百姓之神，人们对其仍是敬重虔诚的。因此可以说，两汉时代乡里的社祭，其本义也是这种土地神的祭祀。

"高祖十年春，有司请令县常以春三月及腊祠社稷以羊豕，民里社各自财以祠。制曰：'可'。"① 高祖十年（公元前197年）春发布的这个祠社令是面向全国的。在这条诏令里，将社区分为官方社和民间社。官社也称公社，"（高祖二年）因令县为公社。"李奇注曰："犹官社。"② 公社的祭品有官方负责准备。两汉时，官方所立之社仅到县社为止。与之相对的民间社指的是民办的里社，其祭品是里中百姓自行筹集的，即高祖十年（公元前197年）春诏令中所言的"各自财以祠"。如《居延汉简释文》第二卷第33页有简文云："入秋社钱千二百，元凤三年九月乙卯。"随着官社与里社的分离，社稷之外的功能如节庆娱乐等也逐渐从祭神中分化了出来。经过三国两晋南北朝时期的发展，社日宴乐节庆化到唐代达到顶点。杜甫的"田翁逼社日，邀我尝春酒"，还有张缤的"桑拓影斜春社散，家家扶得醉人归"就是对社日后的庆祝活动的真实写照。

在汉代，虽然官社和里社分离开来，但此处所说的里社并不是真正意义上的民间组织。这是因为，汉时里社的设置是受官方控制的。随着时间的推移，后来在民间出现了不同于传统里社的私社，"建昭五年，兖州刺史浩赏禁民私所自立社。"③ 从这条资料的字面意思来看，虽然讲的是官府对私社的禁止和压制，但私社的发展却呈现出不可遏制的势头，并最终同官社、里社完全区分开来，"太社、皇社、国社、侯社、置社，皆王侯大夫自立及

---

① 《史记·封禅书》。
② 《汉书·郊祀志上》。
③ 《汉书·五行志》。

为百姓立者，此官社者。民私立者，谓之私社。"① 就其规模而言，少则五家，多则十家，明显不同于传统里社，"旧制二十五家为一社，而民或十家五家共为田社，是私社。"② 这种自愿、自发组织起来的民间社祭团体，是我国历史上最早的带有宗教性和娱乐性的经济互助社团，它不仅丰富了底层百姓的文化生活，同时还折射出民间信仰的多元化发展态势。

二、宗教之社

在中国历史上，宗教有很多种，其中信徒最多、规模最大、影响最深的是佛教。所以，此处以佛教社团为例，谈谈古代的宗教社团。

佛教自东汉时传入中国，经过汉、魏之际的发展，到两晋南北朝时，由于末世思想流行，生活在战乱频繁时期的人们，深感人生变幻莫测，迫切需要救世主并殷切期盼未来幸福等精神慰藉，这就使得佛教中的释迦牟尼佛和继之成佛的弥勒佛信仰广泛流传。在此背景下，当时我国北方及南方一些地区，佛教结社获得了大发展。这种佛教社团的成员组成主要有两种：一是僧尼和在家佛教信徒的混合组合，二是在家佛教徒的单一组合。和之前久已流行的私社一样，这种佛教社团中的僧尼或其俗家信徒都是自发和自愿加入，且多数以各种佛事活动为使命和最终目的。这些佛教团体的名称并不一致，有的以邑、邑义、法义命名，有的称邑会、义会、会、菩萨姻缘等，到隋唐时则常以"社"为名。

佛教社团的分布地域很广，佛教史籍中的相关记载以及发现于今河南、河北、山东、山西、陕西、江西、安徽、江苏、浙江

---

① 《礼记·祭法》。
② 《汉书·五行志》。

等地的诸多"造像记"、"弥勒像记"、"四面像记"①，证明了当时这些民间佛教团体的存在。至于其规模，有大有小，少者仅三四人，多者可达一二千人，多数在十几人至百人之间。② 这些佛教社团首领名称主要源于僧官名称，其情况相当复杂，首先是名称繁多，分布于不同时期、不同地域的佛教社团首领的名称各不相同，如《北魏邑义四十人造须弥像记》中的首领称像主，地点是在山东；《北齐建岁寺邑主夏侯显穆等合邑造四面像记》所载地处安徽的佛社首领为邑主和维那。即使同一时期、同一地域的不同佛教社团的首领名称也不完全一致，如发现于河南龙门的《北魏尹爱姜等合邑廿一人造弥粉像记》与《北魏邑主高树等拼二人造石像记》记载的都是景明三年（502 年）的造像活动，但前者的首领是维那，后者的首领是邑主，维那是副首领。其次，同一个称呼在不同的佛社中的地位和作用也不完全一致，如维那可能是正首领，也可能是副首领，还可能是小组长或普通成员，此外还有大维那、都维那、大都维那、维那主、行维那等名目，名目不同，其在各个佛教社团中的地位和作用当然也不相同。最后，各个佛教社团首领的数目也有很大差别，少则一个、两个，或者十多个，多者可达 150 多个。某些佛教社团中，每个成员都有名目，如《北齐宋氏道俗邑人造像记》的题名，有法主 1 人，

---

① 参见《出三藏记集》卷一二《法苑杂缘原始集目录序第七》；《高僧传》卷七《释超进传》；《出三藏记集》卷一五、《高僧传》卷六《释慧远传》；《北齐贾家庄邑义十六人造像记》，载"拓"第 3 册第 3 页；《北周邑主高树等二十二人造像记》，"拓"第 8 册第 212 页；《北魏邑主孙秋生等合邑二百人造像记》，载"拓"第 3 册第 54 页；《北魏绮氏合邑廿人等造像记》，载"拓"第 4 册第 79 页；《北魏张道果率邑义造弥勒像记》，载"雕"第 187 页；《北魏邑师法宗等邑义信士五十四人造像记》，载"拓"第 3 册第 14 页；《北魏像主高伏德等三百人造像记》，载"拓"第 3 册第 62 页；《北齐建崇寺邑主夏侯显穆等合邑造四面像记》，载《文物》1980 年第 9 期。

② 《北魏赵阿欢造弥勒像记》，载"拓"第 4 册第 60 页；《东魏程荣合邑造像记》，载"琼"卷 19；《北魏法雅与宗那邑一千人造塔碑》，载"拓"第 3 册第 73 页；《凝禅寺三级浮图颂并两侧》，载"琼"卷 18。

大像主 1 人，次像主 1 人，起大像主 1 人，书佐 1 人，像主 7 人，寺主（又称寺邑主）6 人，开明主 2 人，没有名目而题为邑子的则一个也没有。① 另外，有些佛教社团从题名看没有首领，如《东魏道遇等邑义十三人造像记》和《北齐比丘明空等邑人造卢舍那像记》，但没有首领不等于没人负责组织工作，像这两条材料中的道遇和明空既然排名在前，当然也就分别是这两个佛教社团里没有头衔的主事人了。

隋唐五代时期，私社大盛，其中，以经济和生活互助活动为主的私社最为流行。这时的佛教社团的情况与之前的魏晋南北朝时代相比，有了明显变化——佛教社团首领名称与传统私社首领名称逐渐合流，数量日益减少。唐玄宗开元年间至唐昭宗乾宁时期的房山石经题记中，佛教社团首领名称出现较多的有邑主、社官、录事、经主、社长等②，每个社团首领的数量通常也是一至三人。从敦煌遗书中的大量材料来看，到唐后期五代宋初，佛教社团和各类传统私社的首领大致固定为社长、社官和录事。③ 这三个名称都源于世俗官职名称，这种现象反映了隋唐时期佛社的衰落，透露出唐五代时期佛教寺院向世俗社会的渗透进一步深化，说明传统私社已经取代了佛社的地位。佛教社团专门从事佛教活动，各类传统私社主要致力于"社员"的经济和生活互助④。两者相较，后者大多有社条（即章程），社员入社、退社都有一定的手续和程序，社条中也有对违纪行为的处罚和社人的权利义务，其组织比前者要严密许多。随着二者的合流，社邑组织也渐趋稳定，并在基层社会中发挥着越来越重要的作用。⑤

值得注意的是，唐五代时期还出现了按阶层和行业结社的现

---

① 郝春文：《两晋南北朝时期的法社》，载《北京师范学院学报》1992 年第 1 期。

② 唐耕耦：《房山石经中的唐代社邑》，载《文献》1989 年第 1 期。

③ 那波利贞：《关于唐代的社邑》，载《史林》1938 年第 2、3、4 期。

④ 郝春文：《敦煌社邑的丧葬互助》，载《首都师范大学学报》1995 年第 6 期。

⑤ 宁可：《述"社邑"》，载《北京师院学报》1985 年第 1 期。

象。前述魏晋南北朝时期的佛教社团的结合大多以地域为基础，多是由某一自然村、某一坊巷的人自愿组成，如《北齐阿鹿交村合邑七十人造像记》、《北齐大交村邑义母人七十五人造观世音像记》等材料中所载之佛教社团就是由一村之内的居民组成；有的佛教社团是由几个村子、几个坊巷中的人组成，如《东魏兴化寺高岭以东诸村法义造像记》、《北齐石艾县陈神忻合邑子七十二人造像记》等所载之邑义、法义即属这种情况；还有的佛教社团是由几个县的百姓自愿组合而成，如《北魏宜君、同官、土门三县邑子二百五十人造像记》，其成员来自三个不同的县。这些佛教社团都是地缘组织，且多由各阶级、阶层混合组成。李唐时的某些宗教社团乃至民间私社突破了这些限制，如下层女性组成的女人社和沙州地方官吏的夫人们组成的"夫人大社、小社"①，这是按阶层结社；再如房山石经题记中出现的大彩帛行社、布绢行社、生铁行邑、屠行邑、油行邑等，数量多达40多个，② 这是按行业结社。阶层和行业结社的出现，标志着民间组织发展路径的转换。

三、武装之社

北宋时，民间社团序列中又增加了很多新成员，如弓箭社、相扑社、齐云社（蹴鞠之社）、绯绿社、雄辩社、台阁社等。其中尤以弓箭社最具特色。弓箭社大约出现在宋真宗与契丹"澶渊议和"之后，至南宋末仍然存在，弓箭社是行业命名，若细分的话，有射弓踏弩社、锦标社、英略社、锦标社等，主要分布在河北、陕西和山西等西北边陲，是抵御辽夏少数民族入侵的民间组织。以往专家学者对弓箭社提及者多，而专门论列者少；即

---

① 参见宁可、郝春文《北朝至隋唐五代间的女人结社》，载《北京师范学院学报》1990年第5期。郝春文：《再论北朝至五代宋初的女人结社》，载《敦煌研究》2006年第6期。

② 唐耕耦：《房山石经中的唐代社邑》，载《文献》1989年第1期。

使直接以弓箭社为研究对象，也多是从民间武术社团的角度进行阐述。① 基于此，有必要从民间组织角度对其进行研究，以发掘其更深层次的意义。

弓箭社是出现于北宋时代广泛存在于宋辽边境的基层社会的武装自保性质的组织。《宋史》卷 190《兵制》详细记载了弓箭社的组织情况："自澶渊讲和以来，百姓自相团结为弓箭社，不论家业高下，户出一人，又自相推择家资武艺众所服者为社头、社副、录事，谓之头目。带弓而锄，佩剑而樵，出入山坡，饭食长技与敌国同，私立赏罚，严于官府，分番巡逻，铺屋相望若透漏，北兵及本土强盗不获其当，番人皆有重罚，遇其警，急击鼓，顷刻可致千人，器甲鞍马常若寇至，盖亲戚坟墓所在，人自为战，敌深畏之。"可见，在澶渊之盟后，河北居民自行组织武装，保卫家园，其办法是沿边居民村寨，不论家庭户等高下，每户出壮丁一人，组成弓箭社基本成员，弓箭社设社头、社副、录事等头目，由家庭富裕或者武艺高强的人担任，社内弓箭手不脱离农业生产，他们携带武器装备从事农业生产，有明确的组织纪律与赏罚制度，一遇警事，击鼓为号，顷刻之间，可至千人。关于这个组织的性质，宋人时澜说："所谓弓箭社者，盖近远居人自结为保社，故能出力自战，此先王之遗意也。""自结为保社"，正好说明弓箭社的性质是边远居民结社自保的自治性组织，目的是保卫家园。

"弓箭社"备受瞩目，与当时河北路定州的几任知州有关。苏轼之前的定州知州韩琦、庞籍等人，对于弓箭社，在安抚的同时，又为其订立了社规，"皆加意拊循其人，以为爪牙耳目之用，而籍又增损其约束赏罚。"苏轼到定州上任后，因边备堪忧，宋兵骄惰和弓箭社"极得力"，于元祐八年（1093）十一月上奏，陈述"备御之策"，建议复置弓箭社并修订条约，"臣窃

---

① 王昆仑：《河北弓箭社考略》，载《山东体育学院学报》2009 年第 11 期；林友标：《苏轼与弓箭社探析》，载《体育文化导刊》2010 年第 2 期。

谓陕西、河东弓箭手，官给良田，以备甲马。今河朔沿边弓箭社，皆是人户祖业田产，官无丝毫之给，而捐躯捍边，器甲鞍马，与陕西、河东无异。苦乐相辽，未尽其用。近日霸州文安县及真定府北寨，皆有北贼惊劫人户，捕盗官吏，拱手相视，无如之何，可以验禁军弓手，皆不得力。向使州县逐处皆有弓箭社人户致命尽力，则北贼岂敢轻犯边寨，如入无人之境？臣已戒饬本路将吏，申严赏罚，加意拊循其人，辄复拾用庞籍旧奏约束，稍加增损，别立条目。欲乞朝廷立法，少赐优异，明设赏罚，以示惩劝。"

弓箭社章程完备，人员分工明确，职责分明。社长是弓箭社的首领，由乡民推举家产丰厚、武艺过人者担任。社长主要职责包括：组织习武、处理日常事务和统筹分配财物。弓箭社成员农忙劳作，农闲习武，除御贼备战外，还要承担"每夜轮差"的任务。弓箭社的规模，在元祐八年（1093 年）时，仅安肃、广信、顺安三军就有弓箭社 588 社，共计 31411 人。熙宁九年（1094 年）时，仅河北路就达 6930491 人，远远超过正规的"义勇"。

"弓箭社"是宋代北方居民为了抵抗北方民族的入侵、保护家园安全而自发组织的武装组织，它的主观目标与国家稳定、社会秩序之间又存在着客观一致性，如果能充分利用这些民间自卫组织，会有利于节约政府的庞大军费开支，减少行政成本的支出。基于这样的考虑，北宋朝廷在对待弓箭社的政策上，一度采取了支持和控制的办法。据《宋史·兵制》所载，神宗熙宁三年（1070 年），北宋官方开始招募弓箭社社员，并对所招社员进行军事检阅和考核。官方的介入，并不是要改变弓箭社组织的民间性，而是旨在更有效地利用这种民间武装，保护地方的稳定，防御辽兵的攻击，"北人强劲，缓急可用。"

因是地方武装社团，弓箭社的存在有利也有弊，可以抵御外敌入侵是其存在的积极作用，可能动摇统治秩序是其弊。因此，北宋朝廷对弓箭社采取了严格的防范措施，措施之一是收编弓箭社武艺高强者为兵，措施二是通过推行保甲法，把民间组织政府化。这一动作开始于神宗时期，王安石曾在农村推行保甲法，意在用保甲等国家组织取代弓箭社非政府组织。但是王安石推行的以国家权力直接控制乡村为目标的保甲法，却加剧了基层社会与国家政权之间的紧张与冲突，也遭到了支持地方自治组织存在的朝廷官员的反对。苏轼就不满王安石为推行保甲法而废除沿边民间已有的自治性军事组织"弓箭社"。为此，苏轼两次上疏请求恢复弓箭社，然而，"凡两奏皆不报"，枉费了他的一片苦心。①徽宗时，河北路的弓箭社逐渐被官方收编，如大观三年（1109年），高阳关路弓箭社人被收编为保甲。政和六年（1116年），河北路各县分弓箭社，又被强令收编。而后因防御的需要，宋政府又在河北东路、京东西路强迫当地人民组建弓箭社，并将组建弓箭社的数量多少与各地方官吏的考核升迁挂钩。

北宋末年，金兵南下时，由弓箭社发展而来的"忠义巡社"遍布大江南北。当时各地百姓纷纷逃入山水寨，据险自守，掀起抗金热潮，民间自发的这些武装行动对金政权具有相当的挑战性。南宋朝廷也了解到民间武力抗敌的绩效，赵氏政权在江南重建的同时，便积极鼓励各地自卫武力奋起抗金。更下令各地组成"忠义巡社"，并制定了一套精审而详整的训练、奖惩和管理办法，沉重打击了善于骑战的女真兵。后来，南宋进一步组训地方自卫武力，把两淮、襄樊以至川陕的山水寨，都纳入边防系统中，使女真以及蒙古骑兵南下时，遭到很大的阻碍，无法一举而灭宋，甚至连蒙古大汗蒙哥也战死在合州钓鱼城的坚山寨之下。这种以民间武装为主力、以山水寨为据点的抗敌战略，在抗击民族压迫的斗争中，发挥了相当大的作用。

结　论

从历史的角度看，中国传统社会建立在宗族观念和人伦意识

---

① 苏轼：《东坡全集》卷64。

基础之上，这种文化特质若隐若现、潜移默化地作用于人际交往与社会生活中，中国的这种社会结构决定了社会资源除去国家掌握的部分之外，其余的配置更多地通过关系网络来实现。在这种社会文化环境中，在我国古代民间社团的发展过程中，地域性的社团因为共同信仰或利益诉求，逐渐地与本阶层、本行业的有志之士联络沟通，最后公开地介入社会公共事务的治理，对社会治理和公共政策产生了重要影响。

由个人善行到团体善行

——从中国古代民间慈善组织的发展历程谈起

杨 雪 高 楠*

摘 要 史籍所载，中国古代善人善行很多，民间慈善组织类型多样，救助范围广泛。故而，梳理中国古代民间慈善组织的发展历程，对当下多元救助体系的建立和慈善事业的发展极具推动作用。

关键词 个人善行 团体善行 民间慈善

慈善事业是一个社会现代化的重要内容和重要标志之一，是社会福利资源的一种再分配。它将民间一部分人力、物力、财力聚集起来，用以安老助孤、赈灾安危。在中国大百科全书中，对慈善事业的定义略显消极，认为其社会效果存在争议，但在大不列颠百科全书及大美百科全书中，则赋予慈善事业以积极意义，认为其对社会有益并能增进人类福祉。慈善组织是进行慈善活动的重要载体，从广义上说，慈善组织可泛指从事慈善活动的组织，甚至有时也包括福利组织，而狭义的慈善组织仅指以从事慈善事业为目的，非政府、非营利性的民间组织。本文取其狭义。由定义可得知，民间慈善组织具有非营利性、公益性、民间性、自治性的特征。中国的慈善事业古已有之，对于古代民间慈善组织的研究，当今国内学界多集中于明清及民国，对唐宋及以前的

---

* 杨雪，河北经贸大学法学院硕士研究生；高楠，河北经贸大学法学院教授，博士。

研究相对较少，而且，前者多属地域史研究，以江南地区为主。① 综观学界现有论著，笔者发现，中国民间慈善活动中，随着个人善行向团体善行的转向，民间慈善组织也从无到有，由少变多，如雨后春笋般发展起来，成为中国慈善事业不可或缺的力量。基于此，本文拟按历史沿革顺序，从慈善活动中个人善行与团体善行谈起，对中国古代民间慈善组织的发展进行论述。

一、个人善行

中华民族素有积德行善、扶危济困的优良传统。早在商朝，商王成汤对饥寒者的赈恤，即可视为中国古代慈善事业的滥觞②。此后，慈善事业渐趋发展。除政府实施社会救助外，个人参与慈善活动占了重要比重③。可见，个人慈善活动作为中国古代早期的主要民间慈善形式，在中国慈善事业史上自有其重要作用。

早在春秋战国时期，中国社会便出现了以个人为主体的民间救济形式，如在路上设食物救济灾民等。秦汉时期也有大量民间人士救恤孤贫的记录。到了唐宋时期，随着经济的进一步发展，民间的善人队伍亦逐步壮大。如赵抃知越州事时，正逢大疾之年，为解决众多疾患的药食来源问题，"多出私钱"，"为病坊处疾病之无归者"，"凡事有非便文者，一以自任，不烦其属。"④明清两代的许多皇帝都多次颁布诏谕，呼吁民间有志之士出资、出力，参与地方的社会救助。同时为了提高民间人士做慈善的积极性，还制定了许多奖励措施。如明成化六年（1470）七月，牟俸以金都御史巡抚山东，岁祲，为解决饥馑问题，牟俸建言，

---

① 庄华峰、谭书龙：《宋代江南地区慈善事业研究》，载《安徽史学》2006 年第 6 期。

② 王卫平：《论中国古代慈善事业的思想基础》，载《江苏社会科学》1999 年第 1 期。

③ 林兴龙：《两汉个人慈善行为简论》，载《中国社会经济史研究》2007 年第 1 期。

④ （元）脱脱等撰：《宋史》卷 178《食货志上六》，中华书局 1977 年版，第 4340 页。

"公私困竭，救荒糜策，乞开纳粟之例，令胥吏得就先，富民受散官。"旋即获得明宪宗赞成。至于具体纳捐事例，史载当时"生员纳米百石以上，入国子监。军民纳二百五十石，为正九品散官，加五十石，增二级，至正七品止。"武宗时，"富民纳粟赈济，千石以上表其门，九百石至二三百石者，受散官，得至从六品。"世宗时又规定，"义民出谷二十石者，给冠带，多者受官正七品，至五百石者，有司为立坊"。清雍正皇帝为鼓励民间储谷的发展，也曾专门下诏："有捐至十石以上的，给以花红；三十石以上的，给以匾额；五十石以上的，递加奖励。"如果有多年连续不断地捐至三四百石的，就会得到八品顶戴的奖励。① 政府的这种举措，刺激了那些想光宗耀祖的有力之士，极大地促进了民间慈善事业的发展。

个人善行作为社会救济事业的有力补充，因其施救主体不一，施救方式多样，施救对象较为广泛，对提升整个社会的慈善救济水平起到了重要作用。宗教人士、朝廷官员、王公贵族、宗族内部、地方绅士等都是个人慈善的施救主体。此处所说的宗教人士主要是指中国古代的佛教及道教人士。东汉时，佛教传入之后，创立了许多延续至今的重要的慈善理念，如悲田和福田思想。到了东汉中后期，随着道教开始在民间尤其是在巴蜀地区得到传播，道教教徒也成为施救队伍中的一支重要力量，"（张）鲁据汉中，以鬼道教民，自号师君，……诸祭酒皆作义舍，如今之亭传。又置义米肉，悬于义舍，行路者量腹取足"。② 与宗教界固有的慈善理念不同，朝廷官员和王公贵族等社会上层群体的善行动因主要取决于个人因素。例如，西汉哀、平之际，京兆下邦人王丹，仕于州郡，"家累千金，隐居养士，好施周急"，③

---

① ［乾隆］官修《清朝通志》卷88，浙江古籍出版社2000年版。

② （西晋）陈寿：《三国志》卷8《魏书》，中华书局1959年版，第263页。

③ （南朝）范晔：《后汉书》卷27《宣张二王杜郭吴承郑赵列传》，中华书局1965年版，第930页。

"每岁农时，辄载酒肴于田间，候勤者而劳之"；东汉时张掖太守第五访也经常在饥荒之年行赈济事①，章帝时期，南阳大饥，米价高涨，达每石千余钱，临漳太守朱晖"尽散其家赀，以分宗里旧之贫羸者"。② 光武帝时的樊重，"赀至巨万，而赈赡宗族，恩加乡闾"，"其素所假贷人间数百万，遗令焚削文契"；汉章帝时期，居巢侯刘般也曾自己出资"赈施宗族"；③ 明帝时期，马防兄弟"岁时赈给乡闾，故人莫不周洽"。④ 由上述可知，贵族中的部分成员的善行也是中国慈善史上个人善行的有机组成部分。

与上述个人善行相比，宗族和地方绅士的善行大多局限于本族、本土和本乡。宗族内部互助是宗族的基本职能之一，如西汉时期，华阳县人杨恢把百万财产分给宗族成员；朱邑也曾把赏赐分予九族乡党；张林临终之际分其财产给宗族旧故；山阳高平人张俭倾竭全部财产与受灾的族民。随着地方绅士及百姓的加入，个人善行逐渐呈现出普遍性特征。这类事例不胜枚举，尤以清代居多。譬如，乾隆五十三年（1788），镇江人李英"捐送登云寺田六十亩"给当地的水上救生机构救生会，乾隆五十八年（1793），镇江府知府王秉韬"捐银三百两，存典生息"，以资救生会之经费，乾隆五十九年（1794）常镇道查又将"育婴堂田地二百三十八亩拨送本会"。⑤ 当时镇江的社会各界人士有感于上述人士救生的义举，纷纷解囊相助。除了在长江上进行救生义

① （南朝）范晔：《后汉书》卷76《循史列传》，中华书局1965年版，第2475页。
② （南朝）范晔：《后汉书》卷43《朱乐何列传》，中华书局1965年版，第1459页。
③ （汉）刘真著、吴树平校注：《东观汉纪校注》卷15《刘般传》，中州古籍出版社1987年版，第650页。
④ （南朝）范晔：《后汉书》卷24《马援列传》，中华书局1965年版，第857页。
⑤ 吕耀斗撰：《清光绪丹徒县志》卷36《人物志义举附》，光绪五年（1879）刻本。

渡外，镇江的义士在市内大运河上也设立义渡，如"西门外通
阜桥至京口闸外，系袁文独办，此外又有浮桥渡船一只，系民人
私设。"① 在他们的影响下，大江南北呈现出派大家争做救生善
事的景象。

就施救方式而言，救灾、救贫、铺桥修路、资助学业等都是
个人善行的表现形式。作为传统的农业大国，荒政在中国传统社
会中受到格外重视。每逢灾荒之年，善人救灾事例比比皆是。如
前所述，早在春秋战国时期就已出现了赈济灾民的个人善行。两
汉时期，每遇饥荒，梁商就将租谷运到城门口去赈济贫穷；蜀郡
人赵典在大饥之年散家粮给受饿民众；鲁国薛地人曹褒为在疾疫
来临时，"巡行病徒，为致医药，经理饘粥，多蒙济活"。② 灾荒
救助属于应急性措施，平时的救贫恤穷活动，更能彰显古代善人
的慈善力量。如汉章帝时期，东平任城人郑钧"好义笃实，养
寡嫂孤儿，恩礼敦至"；③ 太仆任隗也常常把所得俸禄用来救济
宗族成员和收养鳏寡孤独之人。再如，光绪元年（1875 年），慈
善家林瑞冈与兄长林瑞佑捐白金 5000 元，按月施赈镇中鳏寡孤
独，使月有月资，病有医药，死有棺木，此举得到了光绪帝的
嘉奖。

除救灾和救贫外，在中国古代水利路桥的修建过程中，也有
民间慈善家的身影。如清乾隆时期，镇江大运河段"有浮桥渡
船一只，系民人私设。"④ 至于桥梁修建，如清朝时镇江人朱中
孚先后"捐建三茅宫河边木桥"及"荷花塘西坞木桥"；光绪戊

① 吕耀斗撰：《清光绪丹徒县志》卷 36《人物志义举附》，光绪五年（1879）
刻本。

② （南朝）范晔：《后汉书》卷 35《张曹郑列传》，中华书局 1965 年版，第
1205 页。

③ （南朝）范晔：《后汉书》卷 27《宣张二王杜郭吴承郑赵列传》，中华书局
1965 年版，第 946 页。

④ 吕耀斗撰：《清光绪丹徒县志》卷 36《人物志义举附》，光绪五年（1879）
刻本。

申（1908 年），在江宁曹万兴的倡导下，金山新河桥改修为木桥；甲寅（1914 年），江宁人王思灿等又"募修"善庆桥（俗名蒋桥）。①清代晚期，镇江"城内河道日就淤塞"，当地绅士赵国儒兄弟召会家乡士绅承办此河道的清淤工程；宜兴人陈任旸在同治年间"筹款札办，究心水利，以工代账，涓滴归公。先后浚九曲河、沙胶河、镇江运河、金山便民河、谏壁河并修筑沿江各州县塘闸……"②

自隋唐创立科举取士，经宋代文官政治的熏染，直至明清，民间向学之风绵延不绝。但对贫士而言，漫长的科举之途需要一定的财力支持，有鉴于此，民间不乏善人资助贫士的例证。如康熙三十八年（1699 年），徽商张佩兰在吴江捐建了新安义学，"以课新安人居盛泽之孤寒子弟"③，鼓励其读书入仕。宣统六年（1914 年）七月，王西星在家乡建学舍共计十三间，同时还在小码头街的西三区创建简易识字学塾，开办费由王西星一人承担；宣统元年（1909 年）正月，李翰翔在镇江西门外杨家门天足会创办第一女学堂，开办费同样由私人筹集；第二年正月，本地人士邹宜瑾等在西门外打索街邹家巷的天足会创办了第二女学堂，开办费依然是由私人筹给，堂舍则由邹宅提供④。此外，还有由回族人创办的，坐落于镇江城内剪子巷的清真第一女学堂等。上述学校都由民间资助而办，反映出镇江本地人士争做慈善的踊跃。

个人善行的施救对象主要包括宗亲、乡人和朋友。所谓宗亲主要是指对家族和宗族成员的救济。《四民月令·十月》记载："同宗有贫窭久丧不堪葬者，则纠合宗人，共兴举之；以亲疏贫

---

① 高觐昌等撰：《续丹徒县志·河渠志》卷 4《运河》，民国十九年（1930）刻本。

② 李恩绶撰：《丹徒县志摭余》卷 3《河渠志》，民国十七年（1918）刻本。

③ 《中国地方志丛书·乡镇志专集》，江苏古籍出版社 1996 年版，第 47 页。

④ 高觐昌等撰：《续丹徒县志》卷 6《学校志·学堂》，民国十九年（1930）刻本。

富为差，正心平敛，毋或逾越；务先自竭，以率不随"。① 在中国古代社会中，宗族内部收养宗亲内部孤贫之人为普遍现象，如王莽时，陈留东昏人虞延悲怜堂妹无人养，"哀而收之"② 因个人财力和活动区域所限，个人善行覆盖的人群是以血缘和地缘关系为纽带，由亲及邻并惠及同乡和外地来的避灾之人。如清咸丰年间某城东营街人王青云，一生富而好义，凡乡邻断炊者，皆赠粮，有事者助钱。凡见邑中公益善举，都要慷慨捐助，并亲临督导。道光二十七年（1847年）大灾，他出粟赈贷，救人全活。因其善行长久足为楷模，同治十年（1871年）十二月十六日，皇帝传旨，封其"郎中"衔（正四品）。某些善人的慈善活动获得了乡邻的赞誉，如清代光绪年间林州城郊乡桑园村首富莫伯元，在旱灾来临秋粮绝收的大灾之年，谢绝了无食者持地求粮之举后，主动施粥救人，并与两个弟弟达成共识，将家中所储藏的数百石谷麦，按人造册计日发放。粮尽仓空后，又外出购粮继之，直至度过荒年。后来，他又请来教师办起了义学，收教贫民子弟。本地名流徐清澜因此赠诗与他，内有"凶年散粟周乡里，义塾延师建党庠"之句。对朋友的施助也是个人善行的重要组成部分，如汉人朱晖在朋友张堪去世后，牢记友人所托，不仅亲自探视其妻儿，而且"厚赈赡之"；石敬平病逝后，他的友人戴封将其后事一力承担下来，"养视殡敛，以所赍粮市小棺，送丧到家"。③ 当然，对朋友的救助并不局限于这两例所示的生养死葬，而是兼及助学、助婚嫁等，救助形式多种多样。

二、团体善行

自先秦至清代，个人善行一直史不绝书。在这一过程中，病

---

① 缪桂龙译：《四民月令选读》，农业出版社1984年版，第30—31页。

② （南朝）范晔：《后汉书》卷23《朱冯虞郑固列传》，中华书局1965年版，第1151页。

③ （南朝）范晔：《后汉书》卷79《儒林列传下》，中华书局1965年版，第2570页。

坊、举子仓、义庄、会馆等民间慈善组织相继出现，逐渐发展起来。与个人慈善行为相比，中国古代民间慈善组织的救助范围更广，方式更为多样。它适应了时代的需要，在中国慈善史上占有重要地位。

民间慈善组织在我国由来已久，早在东魏初年，范阳郡范阳县出现过"义"这样一个专门从事收埋无名尸骸的团体，这应是中国最早的民间慈善救助组织。之后的南北朝时期，随着佛教的进一步发展，与之相关的慈善组织开始建立起来，如齐文惠太子和他的弟弟竟陵王子良，同好佛教，"设大疾馆，以养穷民"。北齐文宣帝时，北天竺的那连提黎耶舍法师在汲郡（在今河南）的西山建立三寺，广事收容病疾患者，且将男女病房隔开。就这两例而言，虽同为医疗救护机构，但前者是由佛家信徒设立的，以穷民为救护对象；后者则是佛教徒在寺院内设立的，救护对象并非一般病患，而是感染了急性肠道传染病的痢疾患者。

寺院中的慈善组织称悲田养病坊始自唐代。之所以以悲田命名，是因为佛教的三福田思想：供养父母为恩田，供佛为敬田，施贫为悲田。悲田养病坊包括悲田院、疗病院、施药院三院，相当于现代免费住宿的诊疗所、养老院、孤儿院，是对贫困者、孤独者、疾病者免费诊视、收容、救助的慈善机构。这类机构由僧人负责主持，救济贫困、施药义诊。对于所收治的痢疾、癫病、麻风病传染性病患，寺僧的护理非常到位，如唐初的蜀地福成寺收治了诸如"癞疾洞烂者"之后，负责照顾病患的寺僧道积"与之供给，身心无贰，或同器食，或为补浣。"寺院悲田病坊的资金来源，最初主要靠寺院自身筹集，这时的悲田病坊为民办性质，武则天长安年间（701—704），"置使专知"，在帝都和各道诸州的寺院中普遍开设之后，悲田病坊实质上已变为官办慈善机构，其主要经费来自于政府拨款、官员查抄家产、寺产所得等，但在其实际运营过程中，大多仍由佛教寺院协力管理经营，僧尼直接管理。如武则天统治时期，洪昉禅师于陕城创建病坊，专门收养疾病之人，"昉于陕城中，选空旷地造龙光寺，又建病坊，长养病者数百人。"① 唐玄宗开元时，由于宰相宋璟和其他大臣的先后奏请，身有疾患的乞儿也成为悲田病坊的收容对象，并一度罢黜专使。这样一来，悲田养病坊的资金主要来自善男信女的捐献，其性质又变为民办慈善组织。唐武宗会昌排佛，僧侣被敕令还俗，导致"悲田坊无人主领……病贫无告"的情况出现后，李德裕撰写了《论两京及诸道悲田坊状》，奏请将养病坊的经营权转给地方上的德高望重之人，每坊给田五至十顷，其他诸州由观察使视贫病者多少而定，"武宗从其议，下敕行之。"这样一来，养病坊已与佛寺没有关系，成为官办的了。宋初因袭唐代悲田养病旧制，在京师汴梁设东、西福田院。宋英宗时，增置南北福田院，收容老幼、乞丐与残疾之人。这四座福田院都是官办，有专门的条例，均由僧人负责运营，且每院以 300 人为额。宋徽宗崇宁元年（1102 年），福田院改名为居养院，也是官办性质。

宋代的民间慈善组织不仅数量较前代为多，而且形式多样，有病坊、养济院、举子仓、义庄等。如苏轼在杭州任官时，"发囊中黄金五十两，以作病坊"。② 赵汝愚"捐私钱百余万创养济院，俾四方宾旅之疾病者得药与食"。另据周应合《景定建康志》卷二三《城阙志》载："养济院：在宋兴寺，嘉定五年黄公度创。今为居养院。"在宋代民间慈善组织中，有一种专门针对溺婴家庭的举子仓。它的设立，与当时生子不举现象紧密相关。宋代民间生子不举现象的主要原因，一是生活的贫困，二是丁税的繁重。于是，对产子之家进行生活救助的举子仓便应运而生。宋代举子仓遍布城乡，完全由民间创行，"举子仓亦仓也，然非官司所掌，其原出于乡先生及乡大夫。"③

---

① （宋）李昉等：《太平广记》卷 95《洪昉禅师》。

② （元）脱脱等撰：《宋史》卷 338《苏轼传》，中华书局 1977 年版，第 10812 页。

③ 《永乐大典》卷 7513《举子仓》。

　　宋代存在的多种多样的民间慈善组织，不仅打破了官办慈善组织的既有格局，而且，义庄的出现在中国古代民间慈善组织发展史上具有里程碑意义。义庄是一种家族（宗族）事业，宋仁宗皇祐二年（1050年），著名政治家、文学家范仲淹"于苏州、吴长两县置田十余顷。其所得租米，自远祖而下诸房宗族计其口数，供给衣食及婚嫁丧葬之用，谓之义庄。"根据其条款规定，对范氏诸房"计口给米"，而且诸房女使的儿女也属于救助对象。随着义庄规矩的逐步完善，其救助对象逐渐突破了范氏本家、惠及乡里、外姻、亲戚，而且救助范围非常广泛，除"年饥"时的临时性救助外，还有帮助族人婚丧嫁娶、设立义学等长期性的救穷措施。更为难能可贵的是，义庄规矩还规定了救急与救穷及其各项内容的先后次序："若遇凶荒，除给口粮外，一切不支。或二年粮外有馀，却先支丧葬，次及嫁娶。如更有馀，方支冬衣。或所馀不多，即凶吉等事众议分敷均匀支给。或又不给，即先凶后吉；或凶事同时，即先尊口后卑口；如尊卑又同，即以所亡所葬先后支给。"

　　义庄的出现，是宗族参与慈善的产物。明清时期，宗族慈善的内容没有太大的变化——譬如对族内鳏寡孤独废疾的无依无靠之人进行帮扶的贫困救助，"族中生产，不论男女，其贫乏者，支钱二千文"，[①] 按照吴江施氏义庄的规定，族中应恤之人包括："甲、贫老无依年在六十以上者（指赤贫而言，倘其人尚能自食其力，不宜滥支，以防游堕）。乙、寡居家贫坚守苦节者（倘有中途改嫁，立即停止）。丙、身有废疾无人养恤者（此项指残疾不能谋食者而言）。以上三项如无子嗣，准给终身，倘有子孙，所有赡费给至子孙年满二十岁为止。丁、少孤之人家贫不能存活者（此项子女，其赡费，男至十七岁为止，女至出嫁之日为止）"[②] 还有对本族"嫁女无力者"、"娶妇不赀者"、"病故无力

_____

① 《苏州·彭氏宗谱》卷12，1922年刊本。
② 《吴江施氏义庄汇录·施氏义庄赡族规条》，1916年刊本。

成殓者"和"棺木停厝无力办葬者"的临时性救助,"族中贫乏妇女遇有生产,产妇每口给洋四元以资调养"①,"妻故无子续娶,再给,有子不给;纳妾,不给。无力嫁女者,给钱四千文;再醮,不给",至于本族出嫁而守寡之女,待嫁而不幸未嫁之女,家族往往念及宗族血脉也照寡妇例一体体恤,"女以出嫁日停给月米,倘夫亡守节抚孤,实系贫困无靠者,许给本人一口月米;如有守贞处女其业田在二十亩以下者,不论年岁,常给。"②以及对本族子弟在读书、应试和升学等方面的长期性教育资助,"凡族中幼稚子弟均可入塾肄业,俾受普通教育。"③ 如子弟住地距本庄庄塾较远,无法就读,宗族也给予相应的资金助其择师附学,"远居子弟不便来塾,每名定以六季,按节给修脯银五钱,听便从师,不从师,即停给。"随着宗族经济实体的不断发展,宗族慈善组织呈现出多样化特征,救济内容关涉族人生活的方方面面,甚至有宗族为族中子弟提供习业方面的资助,并为因失业而处于贫困状况的子弟提供物质生活保障,"子弟学习工商业,实系无力者,准给津贴三年,年贴银四元,如有半途改习他业者,先后统算合足为度,如因该行店闭歇,不得已另习他业者,准续贴三年。"④ 这种全面性的救急与救穷措施,最大限度地保证了族人的生存,当地社会的稳定,是中国传统宗族观念的具体化。

明清会馆的出现,更加丰富了中国古代民间慈善组织的构成。会馆最早出现在明永乐年间,是各省缙绅为便利同籍应试士人旅居而在京师与各省城要地创设的。入清之后,由于流官制度的实行及经济的繁荣,会馆之设再趋兴盛。清人陈宗藩在创建福建同乡会馆时的一番话可谓中的,"盖平时则以聚乡人,联乡

① 《吴江施氏义庄汇录·施氏义庄赡族规条》,1916年刊本。
② 《吴县·程氏宗谱》卷一,光绪三十一年(1905)刊本。
③ 《吴江施氏义庄汇录·施氏义庄赡族规条》,1916年刊本。
④ 《吴江凌氏义庄案·义庄规条》,1920年刊本。

谊。大比之年，则为乡中试子来京假馆之所，以恤寒而启后进也。"① 因会馆设立的主要目的是服务于科举教育，所以对同籍的贫寒举子特别顾恤，或代付卷价，或资助其盘缠。除助学方面的善举外，会馆还有一些其他方面的功能，如清乾隆六十年（1795），徽商在虞山建立存仁堂，"以为徽人寄栖医药之所"。佛山的江西会馆，也虑及同乡病危者无人照顾会生不测，于清同治时添置义庄一所，供患者养病。素有仁义之称的徽商尤其热衷于丙舍、义冢或义园的创设。据统计，江南各地会馆所设的寄柩所、义冢等慈善设施多达 70 余所，其中以徽商的义冢等设施为最多，计 24 所。时人有谓："皖江多好善，所在辄置义冢。"对于那些生活比较贫困的同乡，各地会馆都予以赈济，像苏州、杭州等地的会馆大都在章程中规定，"有老病、废疾不能谋生者，有鳏寡孤独无所依者，有异乡不能归里者。……令司月者核实，于公费中量力资助"。② 还有些会馆设有专门救济寡妇的慈善机构，如在四川、浙江会馆就建有贞节堂，并附设恤嫠局，规定恤嫠的名额。

随着经济的发展，社会分工的逐步细化，清代民间慈善组织的类型也越来越丰富，水上救助组织的出现即是一典型例证。镇江西津渡是长江下游著名的古渡口，它北对瓜洲，"江阔而险，每遇疾风卷水，黑浪如山，樯倾楫摧，呼号之声惊天动地"。③ 从宋朝开始，这里就设立了官渡与救生的水上机构，"宋乾道中，郡守蔡洸曾置五船"。④ 清康熙年间，本地的民间士绅成立了救生会，"救生会在京口昭关奉水府晏公……其首善十五

① 转引自王日根：《乡土之链·明清会馆与社会变迁》，天津人民出版社 1996 年版，第 79 页。
② 《明清苏州工商业碑刻集》，江苏人民出版社 1981 年版。
③ 转引自范然：《镇江救生会始末》，载《镇江高专学报》2002 年第 1 期，第 24 页。
④ 高觐昌等撰：《续丹徒县志》卷 14《人物志附义举》，民国十九年（1930）刻本。

人……自雍正以迄乾隆初年，系蒋豫与同志数人经理……始于本邑人士募捐，执月捞救"。① 太平天国起义被镇压后，清廷大批裁减湘、淮军，镇江码头上一时出现了不少无家可归的解甲士兵，他们"……自兵燹（指太平天国起义）以来，多系外省小划装载，良莠不齐，每见过客带有货财，玩生异念，商民受害，惨不忍言"。② 有鉴于此，同治年间，在镇江经商的余姚县人魏昌寿主动邀请同乡魏铭、严宗延等五人集议研究，决定成立义渡局，他们共同集资建造大型渡江帆船，帆船漆成红色，免费渡客，取名义渡红船，专门载渡瓜洲与镇江的旅客。使南来北往的人平安渡江，以免惨剧继续发生。③

清代民间慈善组织在对婴幼儿的保护方面也起到了很大作用，当时保婴救婴的民间组织主要有育婴堂，"在顺江洲四方桥镇，光绪三年，洲人王晋侯等创建"；接婴堂"在顺江洲四方桥镇西首，光绪二十二年陶贡九、王建侯创建"；保婴局"在辛丰镇，……罗慵、袁光璧、殷燮堂、魏秉诚、朱炳炎创建"；保婴自乳局"在宝堰镇，光绪十九年鲍上传、李慎儒、柳昕创办"。此外还有收留寡女孤儿的儒嫠会，"光绪初张锡林、杨鸣相创立"。④

由上述可知，在中国古代民间慈善组织的发展进程中，无论是宗教界人士，还是俗世的官员、宗族势力乃至地主富商，都曾为慈善组织的创建与发展，贡献着自己的力量。在他们的主动参与和推动下，悲田养病坊、举子仓、义庄、会馆、救生会、育婴堂等民间慈善组织以助葬、救灾、助嫁娶、助医药等方式践行着慈善的宗旨，其救助对象也由最初的无名尸骸逐步扩展，贫者、

---

① 吕耀斗撰：《清光绪丹徒县志》卷36《人物志义举附》，光绪五年（1879）刻本。

② 李恩绶撰：《丹徒县志摭余·尚义》，民国七年（1918）刻本。

③ 祝瑞洪、庞迅、张峥嵘：《京口救生会和镇江义渡局》，《东南文化》2005年第6期。

④ 高觐昌等撰：《续丹徒县志》卷14《人物志附义举》，1930年刻本。

病者、鳏寡孤独、残疾人、习举业者、落水者、婴幼儿等都在其救助范围之内。随着社会分工的细化，中国古代民间慈善组织也由基于血缘、地缘关系的救助逐步扩展至基于业缘的救助并逐步壮大起来，可见，中国古代民间慈善组织的起步和发展虽和佛教紧密相连，但最终突破了这一窠臼：社会大众普遍参与，慈善事业蓬勃发展。

结　论

随着现代社会不断深入的发展，许多社会问题如民间慈善等越来越突出，迫切地需要我们着手解决。但是由于其自身独特的历史经历，中国当今民间慈善组织的发展非常缓慢。有鉴于此，梳理中国古代民间慈善组织的发展历程，对照当今慈善组织的现状，吸取有利因素，规避不利因素，促进民间慈善组织平稳而健康地发展，发展多元救助体系具有极为重要的意义。

专题研究

借非营利组织之力完善中小企业
信用担保制度[*]

郭广辉　　张　蔚[**]

摘　要　受全球金融危机影响，中小企业融资雪上加霜，融资困难依然是困扰中小企业发展的瓶颈，而信用担保制度为各国实践多年行之有效的解决途径。鉴于以科技型中小企业为代表的中小企业发展对经济社会发展的重要战略意义，信用担保就成为政府扶持中小企业的一项重要公共产品。政策性信用担保由于其非营利的公益性质，必定成为金融危机之下解决中小企业融资的最有效途径之一。

关键词　金融危机　中小企业　信用担保　政策性信用担保

一、河北省中小企业信用担保制度的现状及问题

（一）河北省中小企业信用担保体系构成

河北省中小企业信用担保体系由政府全资担保机构、政府参股担保机构、互助式会员制担保机构、商业性担保机构和再担保机构组成。政府全资和参股的担保机构属政策性、不以营利为目的的担保机构；互助式会员制担保机构由会员企业出资组成，是只对会员提供封闭式担保贷款服务的会员制担保机构；商业性担

　＊　本文为 2012 年河北省社科基金项目《河北省科技型中小企业发展的政策与法律保障研究》中期成果（主持人郭广辉）。

　＊＊　郭广辉，河北经贸大学法学院院长，教授，博士；张蔚，法学硕士，现供职于北方工程设计研究院有限公司。

保机构是民间投资组建，以营利为主要目的的专业担保机构。再担保机构通过与担保机构开展授信再担保、增信再担保、联保再担保和异地互保再担保等再担保业务，增强各类担保机构的融资担保能力，分散和控制信用担保系统风险。笔者认为，在金融危机大环境下政府全资和参股的不以营利为目的的政策性担保机构应当成为帮助中小企业应对融资困难的核心力量。

（二）河北省中小企业信用担保机构运行现状

目前，全省绝大部分市县都安排财政资金建立了中小企业信用担保机构。截至 2008 年 6 月底，全省已有各类中小企业担保机构 282 家，担保资金总额达到 79.4 亿元。省中小企业担保中心成立 4 年来，累计为全省 95 家中小企业贷款担保 158 笔，累计担保金额 9.5 亿元，这 95 家受保企业新增销售收入 28 亿元，新增就业 1 万多人，新增利润 5 亿元。

但是现有担保机构资质较弱，担保机构注册资本金在 1 亿元以上的担保机构仅有 20 余家。担保难仍是影响中小企业贷款业务开展的最主要问题。截至 2008 年 6 月底，河北省有中小企业 186.9 万个，占全省企业总数的九成，河北省资产总额 1000 万元以下的工业企业有 46.4% 的企业存在着资金缺口，缺口金额高达 302.98 亿元，平均每家企业缺口 51.9 万元。由于资金紧缺，企业的生产经营受到严重制约。有 62.1% 的企业认为资金短缺直接影响企业的正常营运和发展。

（三）河北省中小企业信用担保制度存在的问题

根据现行担保公司运作情况，大多比较谨慎，要让担保公司担保融资，也必须有可靠的资产作保障，还要符合反担保的条件。中小企业由担保公司担保贷款要交纳贷款金额 3% 的担保手续费，还要扣除贷款金额的 10% 作为保证金。据河北省中小企业担保服务中心网站关于对担保业务收费的规定，办理中小企业信用担保的需要缴纳评审费（原则上按担保申请额的 0.3% 以下收取）、担保费（按国家有关规定，以担保金额为基数，收费标准不高于银行同期贷款利率的 45%，在签订保证合同时一次性交清）。许多资金紧张的中小企业无法承受如此高的融资成本。
河北省中小企业信用担保制度存在的问题具体可以归结为以下
几点：

1. 政策性担保机构的非营利法人性质体现不充分

河北省政策性担保机构的担保业务放大倍数与商业性担保机
构相同，同为 5 倍。与此同时，笔者粗略计算了一下河北省中小
企业担保服务中心网站公布的关于办理中小企业信用担保的规
定，共有 25 项之多，非常繁琐，并未能体现便利中小企业的性
质，担保条件苛刻，不比银行等金融机构要求低。一方面是中小
企业急需融资输血，一方面是中央对中小企业的融资力度与实际
需要相比仍然不够，银行方面表现出"要救急更要自保"的重
重顾虑可以理解，但政策性担保机构亦如此其非营利的公益性大
打折扣。

2. 中小企业融资的法律环境欠佳

法律法规出台晚、原则性强、落实效果差。省经济信息中心
主任王书利认为，虽然河北制定了促进中小企业发展的政策和办
法，但多因原则性太强，未能发挥出应有效力。限制、管制乃至
抑制的制度因素还明显存在，中小企业发展环境仍欠火候。针对
中小企业特点的有针对性的法律法规及政策欠缺。根据河北省经
济信息中心首次发布的河北中小企业发展报告，河北中小企业总
量规模明显较小且企业寿命较短，总体竞争力偏低。报告显示，
发达国家每千人拥有企业 30~45 个，但河北仅为 2.5 个。此外，
河北中小企业平均寿命不足 3 年，远低于全国平均 6 年的水平，
约有 50% 的中小企业在创立后 3 年内死亡，剩下的 50% 的企业
中又有 50% 的企业在 5 年内消失。中小企业存活时间短，融资
时间急、数量少、频率高，需要简单快捷的服务，金融部门的一
整套繁杂手续，影响了中小企业贷款的信心，满足不了中小企业
急需。

3. 信用担保机构防范和化解风险的补救措施缺失

信用担保是国际上公认的高风险行业，担保机构经营的是风

险，提供的服务是信用。由于我国现阶段信用担保面临的市场环境十分不完善，国家相关法律法规不健全，缺乏健全的社会信用制度、信用保证体系，存在着基本上把信用风险转嫁给担保机构的情况。因此，防范和化解风险是担保机构生存与发展的核心问题，然而我们就是在此方面存在着制度设计不到位的现实，由于没有保障易造成担保机构惜担，担保力度不大，起不到真正扶持中小企业的目的。国家应尽快以立法形式建立健全国家征信的信用体系和企业信用风险管理制度，创造守信的市场环境，惩罚失信的行为；要规范担保业发展，政府应建立风险防范化解补偿机制；担保机构自身应加强内外风险的控制、防范和稳健经营。

二、河北省中小企业信用担保制度完善

任何事物都有其两面性。金融危机的到来既是对世界经济体制冲击，同时也将促进经济体制重树和转型。对于中小企业信用担保制度的发展而言也是一次革新的机遇，抓住机遇迎接挑战，完善法律制度任重而道远。

（一）强化政策性担保机构非营利性法人性质

信用担保机构制度的建立首先要以满足公益性事业为主要宗旨，形成以非营利为目的的政府全资和参股的政策性担保机构为主的格局。金融危机下政府出资的政策性担保机构应以社会效益高于经济利益指导对中小企业的扶持，以非营利性为主要特征，发挥政府资金的公信力，从而达到提升担保能力，缓解中小企业融资难的目的，切实降低中小企业的各项费用及设置的过高门槛。达到稳定社会经济结构，控制失业人口数目的经济与社会目标。

在被公认的中小企业信用担保制度完善的美国、日本、韩国、我国台湾地区、香港特区等国家和地区，中小企业融资担保都是由政府主导的政策性担保机构主导，且主要是出于鼓励就业、促进贸易或科技创新等目的的政策性担保。在这些国家和地区里，10～20倍的担保业务放大倍数是比较常见的，在日本则

可以放大到60~70倍，在我国担保业务放大倍数仅为5倍。实际上，在商业性担保业务中，5倍之内的放大倍数对商业化担保公司而言就是致命的。商业性担保机构要考虑盈利的目的，所以放贷放大倍数受限制，对中小企业的扶持力度也就不够大，所以在金融危机突袭之下若要想真正实现促进中小企业发展，帮助其渡过难关，必须充分依靠和利用政策性担保机构的优势，采取政策性担保机构的形式，拿出破釜沉舟的勇气下大力气扶持中小企业。

基于中小企业在国民经济发展中地位和作用，基于金融危机对中小企业致命的破坏性，基于将发展中小企业信用担保作为政府公共财政体系的一个组成部分，基于政府和金融市场之间需要有中介机构来沟通并达成政府信用的流转，政府全资和参股建立的中小企业政策性信用担保机构分解银行贷款的风险，保障银行资金的安全，可以说是一举数得的事情。特别是随着金融危机的影响不断持续，商业银行受到的风险冲击也就越大。在商业银行授信时，遵循审慎风险监管和管理规则是头等重要的，如果没有担保机构的介入，商业银行就很难突破自己的行规，为没有充分抵押物和信用信息的客户发放贷款。一方面，政府通过对担保机构资金的投入，引导国家促进中小企业的战略目标；另一方面，也将中小企业从融资难的困境中解救出来，并且降低了政府自身的风险，如果担保失败其风险由担保机构承担，而非政府。根据以上理由，在我国面临全球性金融危机，中小企业面临经济寒冬之时，政策性担保机构就成了中小企业融资困境的主要解决方式，它有利于引导银行等金融机构重树贷款中小企业的信心。

1. 以非营利组织为主体的政策性担保在中小企业信用担保体系中必须发挥主导作用。这是由于中小企业的发展具有重要战略意义需要特殊扶持，但商业性信用担保机构难以突破盈利的束缚这些客观现实决定的。中小企业的发展虽然有利于整个经济的活跃和竞争度的提高，但企业本身确有实力差、融资能力弱、经营风险大的弱点。可以说中小企业的发展其社会效益大于自身的效益。中小企业因为融资困难得不到充分发展，就会给当地经济带来相当的负面影响，这种负面影响可能数倍于担保机构所承担的损失。基于此，政策性信用担保需要主导中小企业信用担保体系。

2. 政策性的信用担保还肩负着政府实现产业结构调整的任务。政策性担保虽然为解决中小企业融资困境的一项有效手段，但仍然存在很大的风险，这种风险仍然可以归结为企业信用不足。中小企业信用普遍不高又遇金融危机突袭，中小企业还款能力骤降，信用担保公司面临无法归还贷款必须要承担的担保责任，当担保风险无法由信用担保公司自身化解时，最终的风险便需要由财政来承担，形成财政风险，进而影响政府宏观调控能力。所以，政府政策主导型担保绝对不意味着政府直接经营对中小企业具体的担保业务，可以说，信用担保的作用在于调节，为推行国家支持中小企业发展的目标，同时对符合国家产业政策的中小企业提供担保，这样可以刺激中小企业产业朝着国家需要调整其产业结构。因此，政策性的信用担保，可以看作是国家在金融危机下调整产业政策的需要。

3. 商业性担保机构在目前的经济和法律环境下还难以担当重任。就商业性担保机构运营来看，中小企业信贷担保的赔付率高，而中小企业又不能承担过高的保费费率，致使担保机构很难完全靠保费收入弥补支出。生存压力增大，令不少中小企业信用担保机构违规操作的情况增加。据了解，目前不少信用担保机构尽管以提供信用担保为名，但其实涉嫌非法融资。商业性担保机构难以解决小型企业的融资问题，原因在于商业担保公司需要完全按照市场法则来进行，以利润最大化为目标，而商业信用保险公司若要赢利，便需要满足较为苛刻的担保机构内部和外部环境要求。如果担保机构风险控制力度不够，担保的代偿率超出盈亏临界点的可能性是非常大的。

4. 作为政策性担保机构的补充，商业性、互助式信用担保对我省中小企业之间的相互保证具有积极意义。构建"一体两翼多元"的河北中小企业信用担保体系，即建立以政策性担保为主导，商业性、互助式会员制担保为两翼，逐步实现覆盖全省的省市县担保与再担保、经济性质多元化构架。特别是金融危机之下，应着重于政策性担保机构的建设，凸显其非营利的公益性质。

（二）优化中小企业融资的法律环境

针对法律法规出台晚、原则性强、落实效果差的现实，尽快出台适应中小企业发展需要的快速而且灵活的担保机制。针对中小企业存活时间不长的特点，开展与之相适应的信用评估办法，在建设以信用记录、信用调查、信用征集、信用评级、信用发布与守信褒扬、失信惩戒为主要内容的中小企业信用环境和长效机制的同时，将多数中小企业存活时间短的现实考虑进来，缩短调查、征集、评级、发布的时间间隔，做到勤调查、勤征集、勤评级，入厂到户亲历亲为，切实为中小企业服务同时也杜绝中小企业虚假报账违信逃保。建立中小企业动态信用信息数据库。对所有评定等级的中小企业建立信用信息库，包含中小企业的信用等级、法定代表人、注册资产、经营范围、纳税额度等信息，在河北省商务厅网站和中小企业局网站公布，提供可供查询的开放式渠道。为企业制定个性化记录单，对记录好的守信企业予以褒奖，扩大其贷款放大倍数；对于记录不好的企业通过电视、报纸等媒体予以公布，禁止全国任何一家银行及金融机构贷款，实现全国联网，对无诚信企业录入全国征信黑名单永不能再贷款使其被市场自动淘汰。同时成立监管中小企业信用担保的管理机构，以防金融危机之下担保机构出现违规操作的行为。

（三）建立担保风险补偿机制防范和化解风险

建立风险补偿机制是指由于一些不可预见的因素，致使担保机构在运用风险控制机制和风险预警系统后还无法有效地规避风险而必须采取一定的措施来补偿的一种机制。

一是提取担保风险准备金。风险准备金是指从担保收入中提取一定比例的资金，用于代偿和坏账处理的一种补偿性资金。对于风险准备金应足额提取。我国已经有关于此制度的规定，财政部于 2001 年 3 月 26 日以（财金［2001］27 号文）《中小企业融资担保机构风险管理暂行办法》中第十三条"担保机构应按当年担保费的 50% 提取未到期责任准备金；按不超过当年年末担保责任余额 1% 的比例以及所得税后利润的一定比例提取风险准备金，用于担保赔付。风险准备金累计达到担保责任余额的 10 倍后，实行差额提取"做了规定。河北省也有相关规定，但重在强调落实。

二是信用保证保险制度。为了保证中小企业信用担保机构的正常运作，政府应出资成立中小企业信用保险基金，对信用担保机构进行保险。这项政策是日本信用担保制度有效运转的三大支柱之首。日本法律规定，"当信用保证协会对中小企业实行信用保证时，按一定条件自动取得中小企业信用保险公库信用保证保险。信用保证协会向保险公库缴纳相当于保证费收入 40% 的保险费，当保证债务实际代偿后，由保险公库向信用保证协会支付代偿额 70% 的保险金。如果代偿后债权最终收回，信用保证协会将其中的 70% 交还给保险公库。实行信用保证保险，大大提高了信用保证协会的收支平衡能力。"金融危机越深中小企业信用担保机构风险也就越大，建立风险基金保险制度为信用担保机构上保险，降低了担保机构的运营风险。

三是损失补偿金补助制度。主要是针对政策性担保机构代偿后取得求偿权而不能回收的损失，最终由政府预算拨款补偿。这项政策也是日本信用担保制度有效运转的三大支柱之一。日本法律规定"由于保险公库已经对各项代偿均赔付了 70% 的保险金，信用保证协会的实际损失仅为代偿额 30%，因而政府补助的损失补偿金为预期不能收回的求偿权益的 30%。"这项制度最终承担了政策性担保机构承做信用保证业务的风险，保障了国家和金融机构对信用担保机构的信心。

河北省行业性专业性调解组织建设研究

王利军*

摘　要　建立健全行业性专业性人民调解组织已成为深化调解工作的重要内容。但河北省的行业性专业性人民调解组织还存在一些问题，需要在实施规范、种类、调解员队伍、经费保障、协调机制等方面进行完善。

关键词　行业性专业性调解组织　问题　完善

人民调解是一项具有中国特色的法律制度。新形势下社会矛盾纠纷呈现出较强的利益性、群体性、对抗性特征，不同领域的矛盾纠纷具有较强的专业特征，需要组建专业性人民调解组织，聘用具有专业特长的专门人员为调解员，增强调解的专业水平，才能适应复杂纠纷的调解工作，有效化解矛盾纠纷，维护社会稳定。2011 年 1 月 1 日实施的《人民调解法》明确了行业性专业性人民调解组织的法律地位，5 月 12 日司法部又发布了《关于加强行业性、专业性人民调解委员会建设的意见》，建立健全行业性专业性人民调解组织已成为深化调解工作的重要内容。

目前，河北省共建立各类人民调解组织 6 万余个，其中，区域性、行业性人民调解组织已发展到 1184 个，发挥了行业性调解组织的中立性、专业性，及时有效地化解了大量纠纷。2010 年 6 月省司法厅与卫生厅、保监局联合下发通知，转发了司法部、卫生部、保监会联合下发的《关于加强医疗纠纷人民调解

＊　王利军，河北经贸大学法学院副院长，教授。

工作的意见》，并对加强河北省医疗纠纷人民调解工作提出要求，为第三方调处机制的引入奠定了坚实基础。各市、县也也纷纷行动起来，如石家庄市在医患纠纷、交通事故、劳资纠纷、征地拆迁等矛盾纠纷多发领域普遍建立专业性、行业性调解组织，目前全市已建立各类行业调委会200余个，使热点矛盾纠纷的调解走向专业化。成立以来已成功调解医患纠纷、交通事故纠纷1000多起。保定、衡水先后出台了推进医疗责任保险工作的相关文件，成立了医疗纠纷调处中心。廊坊市文安县民营企业众多，成立了胶合板、机床等行业调解协会，由于参与调解的同业人员熟悉行业内部情况，能够把握纠纷产生原因，对症下药，促进了纠纷的及时妥善解决。

为了掌握第一手资料，我们组成调研组，到省内的石家庄、邯郸、沧州等地，省外的浙江、安徽等地进行了调研，根据调研情况进行了总结，特提出以下建议。

一、河北省行业性专业性调解组织建设存在的问题

河北省的行业性专业性调解组织建设已开展，并取得了明显成效。但通过调研我们发现，和外省相比，河北省的行业性专业性调解组织建设还存在着许多问题，亟待解决。

（一）河北省的行业性专业性调解组织数量不多、种类偏少

目前，河北省的行业性专业性调解组织数量还很少，而且种类偏少，多局限于医疗调解委员会和劳动争议调解委员会，我们在调研中发现，安徽、浙江等地的行业性专业性调解组织建设开展较早，已取得突出成效，范围涉及医疗、交通、环保、物业管理、土地征迁、消费、教育、劳动争议、企业改制、农民工工资等多个领域。

（二）设置主体缺乏法律依据

河北省设立的行业性调解委员会，有一些是由行政机关设立，如司法局等部门。调研中发现，这种情况在其他省份也存在，可是这和2011年1月1日实施的《人民调解法》的规定存

在矛盾，该法第 34 条规定："社会团体或者其他组织根据需要可以设立人民调解委员会，调解民间纠纷。"这是设立行业性专业性调解组织的法律依据，明确设立主体是社会团体或其他组织。如果由行政机关设立，就会背离人民调解的"三性"特征，容易造成"后遗症"。

（三）经费保障不到位

人民调解是不收费的，根据财政部、司法部《关于进一步加强人民调解工作经费保障的意见》（财行〔2007〕179 号），以及《人民调解法》第六条：县级以上地方人民政府对人民调解工作所需经费应当给予必要的支持和保障。就是说，人民调解委员会的工作保障经费和调解员的补贴经费应由财政解决。但在实际运行中，经费等物质保障不到位现象在不少地方存在。有的虽列入了财政预算，但资金缺口较多或迟迟不能到位；还有的尚未列入财政预算，资金更是难以落实。由于经费欠缺，为开展工作，有些调委会的场所只能借用机关用房，其专职调解员由相关部门人员担任，临时聘用的调解员由于报酬偏低，有些人不能安心工作。

（四）调解员队伍薄弱

由于从事专业性纠纷的人民调解员应具备法学、医学、调解等较高的专业素质，而这部分人一般容易找到报酬丰厚的职业，因此合适的调解员难以招聘。目前的调解员队伍存在年龄结构偏老，法律知识相对较弱的问题。专职调解员数量少，兼职调解员时间上难以保证。

（五）缺乏具体的操作规范

调研表明，调解工作成效较大的浙江、安徽等省都制定了全面具体的规范，有力地指导了各地市的调解工作。当前，河北省尚缺乏行业性专业性调解委员会建设的具体的、操作性强的实施办法，亟待加强。对一些已不符合当前实践的规定，则需要及时修改。

二、推进河北省行业性专业性调解组织建设的对策和建议

根据我们对调研情况的总结，结合实际，提出以下建议：

（一）制定操作性强的实施规范

各级党委、政府和有关部门要把调解工作作为一项重要工作来抓，及时出台地方性法规、规章和政策，为行业性、专业性人民调解委员会开展工作提供法律或者政策保障。具体来说，根据司法部《关于加强行业性专业性人民调解委员会建设的意见》，河北省应制定更详细更具操作性的实施办法，对行业性专业性人民调解组织建设、工作机制建设和组织领导做出规定，以发挥人民调解工作在化解特定行业和特定领域社会矛盾纠纷中的积极作用，维护好河北省重要战略机遇期的社会和谐稳定。对不同种类的调委会，可分别制定相应的实施办法，如医疗纠纷人民调解实施办法、交通事故损害赔偿纠纷人民调解实施办法等。明确指导思想、工作主体及专业人民调解委员会的工作规程；明确综治委、有关行业主管部门、司法行政机关的职责和任务，促进行业性专业性人民调解委员会建设。同时要修改现有的一些已不符合实践需要的规定。

（二）扩大行业性专业性调解组织的设立领域

目前，河北省行业性专业性调解组织的设立领域比较窄，应扩大范围，在交通事故、劳动争议、医患、物业管理、征地拆迁、环境污染、消费者权益保护、校园伤害等矛盾纠纷比较集中的行业和领域，都应当成立相应的行业性专业性调解组织。

（三）明确社会团体是行业性专业性调解组织的设立主体

根据《人民调解法》第34条的规定：社会团体或者其他组织根据需要可以设立人民调解委员会，调解民间纠纷。这是设立行业性专业性调解组织的法律依据，明确了设立主体是社会团体或其他组织。如果由行政机关设立，就会背离人民调解的"三性"特征，行业性专业调委会的成立，是顺应形势的需要而产

生的，但它作为人民调解的一种形式，必须要保持原有的群众性特色，行政色彩不能太浓。

发挥工会、妇联、工商联、医学会、法学会等组织的作用，依托个体劳动者协会、纺织协会、电子工业协会、物业管理协会、消费者协会等行业协会，赋予调解工作职能，建立行业性专业性调解工作机构。发挥行业协会的专业性、独立性，有效调解纠纷。

（四）完善经费保障机制

必要的物质保障是开展任何一项工作的基础。要树立"政府购买服务"的理念，在省级层面制定关于调解经费的管理办法，切实将调解工作经费、调解员的补贴、报酬、奖励经费等列入财政预算，变软性规定为硬性措施，保证调解工作的正常开展。同时按照谁受益、谁出资的原则，各行业主管部门要负责提供行业性调委会的办公场所及必要的经费。

推广人民调解员"以案定补"制度，即调解一件纠纷给予20~200元不等的补贴。"以案定补"既能体现人民调解的工作量，又能较好地实现按劳取酬。

（五）提高调解队伍的整体素质

在当前调解经费紧张的条件下，可以探索建立"专职调解员与兼职调解员、调解志愿者相结合"的调解工作队伍。在推行首席调解员制度和选聘专职工作者从事调解工作的同时，进一步壮大兼职调解员队伍，积极发展志愿调解员；通过示范带动、岗位培训、庭审观摩等形式，加大对调解人员的教育培训力度，提高他们的政策、法律知识水平和调解技能；推行持证上岗、资格认证、等级调解员等制度，激发调解队伍的活力；建立绩效管理和考评奖励的机制，调动调解人员主动发现纠纷、靠前调处纠纷的积极性，更好地适应新时期矛盾纠纷多发的实际需要。

具体来说，一是组建专职人民调解员队伍。每个专业性调解组织配备3名以上具有相关专业知识的退休、退职人员（如退休医学专家、法官、检察官、警官等），以及律师、公证员、法律工作者和人民调解员作为专职人民调解员，为调解专业纠纷提供专业知识支持。二是建立专业人才库。如成立医患纠纷人民调解工作法学咨询委员会和医学咨询委员会、道路交通事故专业咨询委员会、劳动人事争议专业咨询委员会等，聘请由法学专家、律师、相关专业人士和调解员等组成的专家库为重大、复杂纠纷提供专业咨询意见。三是大力发展兼职人民调解员。聘请辖区内政法系统、专业领域在职或离退休人员和人大代表、政协委员等，参与专业性纠纷人民调解工作，形成"专业互补、技能互补"的团队优势。

总之，要建成年龄知识结构合理、优势互补、专兼职相结合的人民调解员队伍，实现人民调解员队伍专业化、社会化。

（六）做好行业调解、行政调解和司法调解的有效衔接

一是行业调解与行政调解的衔接。发挥司法所依法代表基层人民政府居间主导行使行政调解的职能，积极引导当事人把行政单位受理的民事纠纷案件选择使用行业调解。二是行业调解与司法调解、诉讼的衔接。司法部门和法院应联合出台文件，对行业调解与司法调解衔接的工作程序、业务指导、协议效力、救济途径等方面做出具体规定。如，在法院设置人民调解窗口，要协调调解窗口的办公用房和工作经费；建立调解员参与诉讼调解机制；建立法院委托人民调解制度。积极引导行业、专业性纠纷的当事人通过行业调解方式解决民事纠纷。三是在行业性专业性调解组织之间建立联动协作机制。在同类别行业性专业性调解组织之间，建立调解情况通报、联系制度，实现信息资源共享、专业调解人才资源共用；在相关行业性专业性人民调解组织之间，也要建立联动协作机制，在纠纷处置过程中相互配合，及时有效地化解纠纷。

当然，在强调三种调解加强协作的同时，不能搞成"混同"，三种调解应发挥各自不同的特点和优势，满足不同的调解需求。

（七）完善协调履行保障机制

进一步推广行业责任保险制度或基金制度，建立行业性专业性人民调解组织与保险公司或基金会相互衔接、相互补充、相互促进的有效理赔机制，特定纠纷的调处与保险理赔相衔接，应和保险公司达成协议，经专业调委会依法调解后制作的人民调解协议书可作为保险赔付的依据。这在医疗纠纷、道路交通事故纠纷中尤为重要，加强和保险公司的合作，有利于调解协议的顺利履行。要提高各医院的投保率，并可参照外地的成功经验，实行医疗风险基金制度，即按不超过医疗卫生机构当年业务收入1%的比例计提医疗风险基金，专门用于支付医疗卫生机构购买医疗风险保险发生的支出或实际发生的医疗事故赔偿的资金。

参考文献

1. 《安徽省行业性人民调解有章可循》，载《安徽法制报》2010 年 9 月 8 日。

2. 江苏省司法厅：《建设专业调解机制 化解行业矛盾纠纷》，载《人民调解》2011 年第 8 期。

3. 《行业调解协会解决诉外纠纷120 件》，载《河北日报》2010 年 11 月 17 日。

4. 《马鞍山交通事故专业调解成功率99％》，载《法制日报》2010 年 9 月 12 日。

发展我国民间环保组织的法律构想

宋忠胜　杨　青[*]

　　摘　要　民间环保组织是专门致力于生态环境保护的公益性社会组织。西方国家的民间环保组织历史久远，足资借鉴。发展与完善我国的民间环保组织，必须予以系统化的法律完善，特别是在法律定位和权义界定方面。

　　关键词　民间环保组织　法律保障　环境保护

　　近年来，由于人口数量和人类驾驭自然能力的不断增长，经济发展在给人类带来巨大的福祉的同时，一味追求短期利益的行为也使得环境污染加剧，由此引发的群体性事件不断增多，环境问题已成为建设美丽中国的关键议题。公众在增加和提高环保意识的同时，国家也应大力培育和发展民间环保组织。我国关于民间环保组织法律地位和运行的立法相对滞后，除了在《环境保护法》和《环境影响评价法》中有涉及民间环保组织权利义务的相关法条外，尚没有针对民间环保组织的专门立法。

一、民间环保组织概述

（一）民间环保组织的涵义

　　民间环保组织是民间组织的一个分支，属社会团体的范畴。目前，对于民间环保组织尚没有明确的法律界定。有学者把民间

---

　　[*]　宋忠胜，河北经贸大学法学院副教授；杨青，河北经贸大学国际法专业 2011 级法学硕士研究生。

环保组织定义为"围绕着生态环境的保护开展活动的社会团体"，[1] 有的定义为"非政府非营利环境资源组织，是指从事合理开发利用、保护、改善环境资源的活动的第三部门，它们活动的宗旨、目标、组织形式、活动原则和方式、成员的组成和道德信仰都与环境资源问题、环境资源保护及人与自然的关系有关。这些组织除了第三部门的共性外，还具有热心于保护环境，负有环境道德、环境意识、环境文化、环境科学技术和环境法治观念等特点"。[2] 在围绕生态环境保护具体活动分工上，由于各民间环保组织建立的目标不同，发挥的作用也各不相同。同样是民间环保组织，有的是倡导性组织，有的定位于环保科学研究，有的主要是开展环保项目和给付环境补助金，有的致力于解决环境污染，有的关注动物福利，还有的是双边、多边或者全球性组织。综上，所谓民间环保组织，是以环境保护为宗旨，非以营利为目的，不具有行政权力并为社会提供环境公益性服务的民间组织。

（二）民间环保组织的作用

民间环保组织是专门致力于生态环境保护的公益性社会组织，具有保护和改善环境资源的目的明确性和坚定性，因为非政府，其不会因政治考虑或行政服从而放弃环境保护的要求；因为非营利，其不会因经济利益而放弃环境保护的要求；因为是生态人，其始终保持着人的天然本性即自然性和生态性，始终保持着与环境资源的天然联系与交流，因而最能自觉地表现人与环境和谐共处的愿望，最能体现保护和改善环境的本能要求。民间环保组织以异于政府和个人的角度，以独特的地位接受政府、私人的资源并用于社会公益目的，在培养社会公众的环境意识、推动环境领域的公众参与以及实现环境权利的救济等方面发挥着独特的

---

① 刘芳、徐艳荣：《对我国环保 NGOs 的法律分析》，载《当代法学》2002 年第 6 期。

② 蔡守秋：《第三种调整机制——从环境资源保护和环境资源法角度进行研究（下）》，载《中国发展》2004 年第 2 期。

作用。

1. 培养社会公众的环境意识

保护环境不只是政府的责任，更是全社会的义务。全体公民的环境意识直接影响到一个国家环境保护事业的发展，而民间环保组织在培养公众环境意识方面大有作为。

民间环保组织既具有社区性、基层性特点，又具有跨国性、全球性的优势，可以利用本身涉及面广、影响大的效应，将人类和环境协调发展的理念以及各种环保信息在公众范围内交流与共享，以此来培养公众的环境意识。另外，政府承担一系列繁杂的社会公共事务，在普及环保知识方面常常显得力不从心。与政府相比，民间环保组织的群众性决定了其在宣传教育环境保护观念方面具有极大的灵活性。

2. 推动环境领域的公众参与

民间环保组织在普及环保知识方面更具有专业性和社会责任感，可以较方便地利用集会、参观、讲座等形式推动环境领域的公众参与。公众参与是现在民主制度赖以存在的基础，也是民主政治的基本特征之一。原子化的孤独的个人既无法抵制政府滥用公共权力，更不可能抵御市场的风险，因此在现代社会，民间组织更应该成为个人参与的平台。在环保领域，公众参与自然离不开组织化。尽管环保涉及很多人的利益，但也正因为此，每个人都可能有"搭便车"心理，如果没有代表各种利益的环保组织，环保参与很可能会沦为一句空谈，实际效果很难保证。民间环保组织在维护公众环境权益、组织动员公众推动环境保护、促进环境保护国际交流与合作等方面可以发挥更大的作用。作为一种民间力量，民间环保组织完全可以对政府与企业的环境责任开展社会监督。一方面，通过适当的方式监督政府是否执行环境法律和政策、履行环境管理职能，通过多种途径督促企业加大环保投入、完善环保设施以及是否严格遵守国家环境法律和污染排放标准。另一方面，及时将这些信息予以公布，让公众了解政府和企业在环境方面所做的工作和存在的问题，实现公众的环境知情权。同时，民间环保组织在帮助公众获得环境知情权的基础之上，倡导公众以实际行动参与环保，对环境决策积极建言献策。在许多发达国家，每当政府要讨论制定环保法规或做出对环境产生重大影响的决策，或有重大环境污染事故等环境问题时，民间环保组织就会组织其成员开展宣传活动，呼吁人们关心并积极献言献策，并把公众的真实意见反馈给政府，让政府了解公众的要求和想法，实现公众的参与权利。

3. 实现环境权利的救济

环境侵害一般是透过广大的空间和长期的时间，经过多重因素积累后才逐渐形成的，具有典型的长期性特征。日本四日市的哮喘事件、美国洛杉矶的光化学烟雾事件中，都是经过几十年，甚至更长时间的积累才发现严重后果的，这使得权利救济过程既复杂又困难。[①] 另外，环境侵害主体往往是处于优势地位的企业经营者，被侵害主体是处于弱势的个人，在实力悬殊的情况下，公民要依靠个人的知识、经验和技术条件了解污染事项、获得权利救济，存在很大困难。民间环保组织的显著特点就是团体优势，当发生具体的环境污染事件或者其他环境问题时，民间环保组织可以有效地支持受害人提起诉讼，或者在法律不能完全保护受害者时对受害者提供保护。民间环保组织是环境事业中不可或缺的力量，其存在具有重大的现实意义。经济的高速发展带来了环境的污染和退化，环境保护运动蓬勃发展，在这样的背景下，民间环保组织大量涌现不是偶然的。一方面，民间环保组织在环境事务中发挥公众参与和民主监督的作用，成为政府联系公众的桥梁和纽带。另一方面，民间环保组织作为个人的集合体，可以克服个体力量渺小的缺点，作为公众代表与政府和企业谈判，缓解社会矛盾，有利于环境污染造成的社会问题得到妥善解决。

民间环保组织的成长对于我国社会的转型和发展同样具有重

---

① 陈廷辉：《民间环保组织在环境保护中的作用》，载《中山大学学报论丛》2003 年第 4 期。

要的意义。传统的政府统治观强调政府组织是行使国家事务管理与社会事务管理的唯一权力中心，这意味着政府组织必然依靠其强制力和权威，集中掌握与控制各种资源，并以国家的名义组织各种公共物品与公共服务的提供和生产。由此产生的行动逻辑必然是：政府不断扩大其在经济、政治、文化和社会领域的管理职能；行政管理权高度集中，政府各级组织尤其是上级组织承担越来越多的决策、管理与服务职责；政府组织自身的规模势必不断地扩张，财政支出规模日益庞大等。民间环保组织的大量出现是当代治理主义的产物，在治理主义的精神下，政府在整个社会中依然充当着非常重要的角色，但是，它不再是实施社会管理功能的唯一权力核心。这意味着，类似民间环保组织的法律主体将与政府一起共同承担起管理公共事务、提供公共服务的责任，这些组织的权利也将得到社会和公民的认可。

二、国外民间环境保护组织的发展历程及启示

（一）国外民间环保组织的发展历程

1. 精英人士的发起阶段

18世纪上半叶兴起的工业革命使西方发达国家的工业和城市化飞速发展，同时也带来大量环境问题，但此时的环境问题仅被视为工程问题而非社会政治问题。当时的政府奉行的是自由放任的经济政策，认为自由市场是一个万能的市场，政府优先考虑的事项应是允许市场无约束地发挥其功能，而不是健康地管理或环境保护。在此理念的支配下，西方政府对环境问题的反应极为冷漠，普通民众似乎毫无现代意义上的环境意识，所以，当时的环境保护运动和民间环保组织基本上是由社会精英人士倡导和发起的。许多社会精英人士为了保护环境走到一起，确定了共同的目标，形成了共同的心理结构和技术结构，并组建了各种各样的环保组织。正是在这些精英人士的引导和推动下，民间环保组织在二战前就取得了长足的进步。当然，该期间的民间环保组织不论是从其成员还是其领导者，都表现出强烈的精英主义倾向。比

如当时英国的民间环保组织很少公开针砭时弊，唯恐招致政府的报复，在策略上主要是通过"正式"的政治渠道进行院外活动，遵循着传统的非暴力和守法的原则，不敢向国家的政策提出挑战。

2. 公众普遍参与的成熟阶段

从二战结束到 20 世纪 80 年代初，随着市场相对于环境保护的无效性日益凸显及政府环境行政局限性的显现，西方民间环保组织获得了迅速的发展，走向了公众参与的成熟阶段。① 二战后的英国，民众的环保呼声日益高涨，环境民间环保组织更多地输入了民众主张。从 1967 年至 1980 年，国家信托社由当初的 15 万 9 千人发展到 100 万人，皇家鸟类保护协会的成员也由 3 万 8 千人发展到 30 万人。此时的环境民间环保组织不仅表现在数量上的骤增，而且还出现了初步联合的趋势。到 20 世纪 80 年代中期，出现了保护野生动物联盟、保护乡村联盟、苏格兰野生动物及乡村保护联盟和北爱尔兰的环境保护联盟等，1978 年还成立了旨在提高民间环保组织在议会中影响力的绿色联盟。

3. 全球网络化阶段

20 世纪 80 年代以来，环境问题已发展为全球性的问题，全球环境危机使人类社会面临史无前例的挑战。环境保护需要全人类共同行动，但是，各国政府的主权有限性同环境问题的跨国性之间以及各国政府的民族利己主义与环境的国际公益性之间存在深刻的矛盾，这为民间环保组织走向世界的网络化发展提供了巨大的空间和良好的机遇。民间环保组织在全球网络化的进程中，出现了跨国化倾向。它们组织良好、经费充足，能在许多国家开展活动，有较多机会参与政府间国际组织的会议和其他决策过程。至今，民间环保组织在世界各地已建立起数百个全球性的网络体系，从事着大量操作性的活动。在非洲，1982 年，21 个非

---

① 李艳芳：《公众参与环境保护的法律制度建设——以非政府组织（NGO）为中心》，载《浙江社会科学》2004 年第 2 期。

政府组织建立起了非政府组织环境网络，到 1992 年，其成员组织已达到 30 个，分布在 45 个国家。在西非，有一个名为"第三世界环境发展"的非政府组织网络，是 1972 年在联合国环境规划署支持下建立起来的，这个组织的网络已伸展到拉美、欧洲及印度洋沿岸诸国。在欧洲，1991 年，欧洲环境组织已有 126 个非政府组织成员，来自 21 个国家。这一非政府组织网络可以直接参与欧委员会的活动，在许多国际场合具有代表欧洲的资格。在北美，大湖联盟围绕着五大湖地区的水资源保护，其从事的活动已广泛涉及环境、贸易、工会、体育以及土著居民等事务。

（二）启示

1. 我国民间环保组织的发展不可操之过急，应渐进发展。国外民间环保组织在近几十年发展非常迅速，走过了从精英阶段到大众化阶段再到全球化阶段，而我国的民间环保组织是小荷才露尖尖角。西方自古希腊时期就有了公民和公民社会的概念，而我国自秦汉以来一直是中央集权制，文革更使这种集权制走向极端。尽管改革开放已实行多年，但"公民"仍然仅是法律条文中的一个概念，公民社会更是无从谈起。因此，我国民间环保组织的发展不能脱离实际，如果操之过急超过了改革开放的界限，就有可能会被千年来的封建惯性击倒，对已存在的民间环保组织，只能很好地呵护而不能期望过高。事实上，英国从民间环保组织的诞生到民间环保组织的大众化，也经过了一百多年的发展。我国三十多年的改革开放已形成了这样的内在逻辑：以社会主义市场经济的建设和发展为动力，通过经济的成长和社会的进步来全面推动我国的政治文明建设进程，形成经济成长、社会进步和政治民主三者的良性发展。我国民间环保组织的发展只能顺应这个内在逻辑，在这个逻辑发展中坚持渐进化的发展道路。

2. 我国民间环保组织的发展不可浮在上面，要草根化。国外民间环保组织的一个重要特征是草根化，我国民间环保组织也应当草根化。草根化就是要求环保组织深入学校、社区、商场、农村中去发挥影响，向他们灌输环保意识，通过一点一滴长时间的渗透教育，为公民社会的形成和组织的大众化做好基础性工作。

3. 我国民间环保组织的发展不可大而全，要专业化。国外民间环保组织的专业化首先表现为分工的细腻，比如鸟类保护协会、国际河流组织、世界野生物基金会等，都是针对某一个非常专业的领域，这样的好处是可以把工作做得更到位。专业化的另一个表现则反映在其组织结构及研究领域上。如意大利的环境联盟就定期组织大型活动进行环保宣传，世界自然基金会也有自己的办公大楼、刊物及研究人员，并吸纳了大批环保学家、经济学家、动物学家等专业人士，被称为环境经济学的摇篮。所以，我国民间环保组织的发展不可追求大而全，而应当专业化，专业化是民间环保组织产生重大社会影响的前提。

三、发展我国民间环保组织的法律构想

民间环保组织是社会民主的代表力量，规范民间环保组织的法律也应该是以科学发展观为统领的规范体系，这个体系应当能够清晰地规范政府和民间组织的关系，赋予民间组织在社会治理体系中充分的权利。

（一）制定适应政治文明建设和公民社会发展的有关民间组织成立登记的法规

对民间环保组织的成立与登记要创造宽松的法律环境，取消目前成立民间环保组织的一些不合理的准入条件，鼓励企业参与社会环保事业，制定对民间公益组织进行捐赠活动的公益事业捐赠法。

（二）完善环境法规，公开环境信息，明确公众的环境权利

在环境基本法中应明确规定政府对环境信息的公开范围和公开方式，具体规定公民享有的日照权、通风权、安宁权、清洁水权、清洁空气权等，使环境法规不再是笼统的宣言，而真正成为便于民间环保组织维护的公民环境权益。

（三）进一步完善民间环保组织参与的相关立法，为其参与环保活动提供具体的、可操作的程序性规定

比如，环境影响评价的相关立法应当对公众的参与方式、参与程序、参与的保障等问题加以明确规定，以保障民间环保组织对政府决策的参与和事前监督作用的发挥。要赋予民间环保组织公益诉讼资格，建立环境公益诉讼制度。①

（四）要将民间环保组织的权利义务予以系统化和明确化

总体思路应是增强民间环保组织的独立性，发挥其职能优势。具体而言，可将民间环保组织的权利义务设计如下：

1. 权利

（1）环境监督权

设立环境监督权的目的在于监督国家机关、企业、其他组织及个人的行为是否符合环境法的有关规定。国家掌握和运用着公权，应该代表人民和社会整体利益，为人民和整个社会服务，但国家同人民与社会，对需要与服务的理解是存在着差异的。政府的优先议程一般都是国家利益、实力和经济增长，环境事项往往是次要和从属性的，有些地方政府出于追求短期利益和所谓的政绩，有可能不顾对环境的破坏滥用资源，以致造成难以弥补的生态环境损害甚至灾难。民间环保组织通过行使环境监督权，可以有效监督政府行为，实现政府决策中的环保取向。

（2）环境诉讼权

虽然这是个人权利越来越受重视的时代，但有时公民个人权利的实现往往还是要借助特定团体或社会组织的帮助。环境问题具有可变性、缓发性和潜在性的特点，其发生可能有多种诱因，涉及大量高度技术性的问题。公民个人限于技术、经济或其他方面的原因，往往没有足够的能力举证。民间环保组织作为一个社会团体，可以根据社会大多数成员的意愿，代表社会整体对环境

① 张梓太：《中国环境行政诉讼之困境与对策分析》，载《法学评论》2003年第5期。

公共利益进行保护，这不仅是公民环境权得以实现的有效途径，而且团体诉讼还可以节约司法资源，降低诉讼成本。通过司法途径，由公众向国家司法机关提起环境公益诉讼，可以大大弥补环保部门的执法空白。

（3）环境议政权

我国《立法法》第34条明确规定："列入常务委员会会议议程的法律案，法律委员会、有关部门和常务委员会工作机构应当听取各方面的意见。听取意见可以采取座谈会、论证会、听证会等多种形式。"第58条规定："行政法规在起草过程中，应当广泛听取有关机关、组织和公民的意见。听取意见可以采取座谈会、论证会、听证会等多种形式。"可见，鼓励公众广泛参与立法已经成为国家立法的基本原则。国家立法会对国家宏观的环境利益产生影响，而较少直接影响公众利益，在这种情况下，公众"搭便车"的心理会更多一些，个体参与的积极性不高，此时更需要民间环保组织积极参与，对国家立法可能给环境带来的影响进行评估，对国家立法提出科学与合理的建议，避免使社会环境利益受到损害。

2. 义务

（1）接受监督的义务

民间环保组织设立后，由于相应法律制度的不健全，政府部门的监督往往缺位，因此，民间环保组织基本信息的充分公开可促使民间环保组织的自我规范，并使每位公众参与监督与审查，以规制其不当行为。如民间环保组织经常享有明显的税赋优惠，在接受政府补助或由公众捐款支持时，公众应该有权对这些组织及其行为进行监督，要求该组织提供详尽的财务与营运报告。

（2）营利性收入只能用于环境保护

民间环保组织虽然是非营利组织，但是仍然可以进行一些营利活动来弥补资金来源的不足。为了防止滥用这项权利，应该规定其营利收入只能用于环境保护，而不可分配给任何人。当民间环保组织清算或终止存续时，不可将资产分配给其会员、董事、员工、捐助者或创立人。较为合适的做法是选择另一从事相同或类似活动的民间环保组织，在其终止营运后接收剩余的资产。若无指定，至少在类似的公益组织中，资产应归国家或补助民间环保组织的政府基金。

（3）内部财务公开

民间环保组织必须定期制作并公开财务报表，任何组织、个人都有权利查阅并提出质疑，设立此项义务的目的是有效预防民间环保组织的内部腐败以利于其健康发展。

参考文献

1. 吕忠梅：《环境法新视野》，中国政法大学出版社 2000 年版。

2. 陈廷辉：《民间环保组织在环境保护中的作用》，载《中山大学学报论丛》2003 年第 4 期。

3. 王曦：《国际环境法资料选编》，民主与建设出版社 1999 年版。

4. 蔡守秋：《第三种调整机制——从环境资源保护和环境资源法角度进行研究（下）》，载《中国发展》2004 年第 2 期。

5. 张继红：《中国民间组织法律规制问题研究》，载《政法论丛》2004 年第 4 期。

6. 文洋：《公众参与制度离我们到底有多远——浅论我国公众参与制度现状》，载《理论界》2006 年第 11 期。

7. 朱晓明：《中国民间组织生存发展的法律环境研究》，载《浙江社会科学》2004 年第 3 期。

我国环保社会组织发展中存在的
问题与对策探析

吴伟华*

摘　要　环保社会组织在推动我国环保事业发展的同时，面临着体制性、政策性障碍。应多措并举，通过完善和构建综合性政策法规体系、综合监管体系，提升环保社会组织的专业化能力与公信力等措施，促进我国环保社会组织健康有序发展，促进生态文明建设。

关键词　环保社会组织　问题　对策

一、概述

环保社会组织，是以人与环境的和谐发展为宗旨，从事各类环境保护活动，为社会提供环境公益服务的非营利性社会组织①。近年来，环保社会组织在社会上通过开展环境维权与法律援助、参与政府重大环保政策的制定与实施、监督企业等环境行为，提升了公众的环保意识，促进了公众的环保参与度，改善了公众的环保行为，维护了公众的环境权益，促进了环境保护的国际交流与合作，已成为连接政府、企业与公众之间的桥梁与纽带，成为政府环境保护工作有益的补充，成为构建和谐社会、推

---

　*　吴伟华，河北经贸大学法学院副教授，硕士生导师

　①　《环境保护部关于培育引导环保社会组织有序发展的指导意见》（环发〔2010〕141号），转引自北大法律信息网。

动我国和世界环境事业发展不可或缺的力量①。

党的十八大报告首次明确提出把生态文明建设放在突出地位，同时提出要强化企事业单位、人民团体在社会管理和服务中的职责，引导社会组织健康有序发展，充分发挥群众参与社会管理的基础作用②。近年来，我国的社会结构、社会组织形式、社会利益格局发生了深刻变化，作为促进基层民主发展和社会管理体制创新的一种迫切需求，作为环境友好建设和实现生态文明的重要社会支撑力量，来自于公众、贴近于公众的环保社会组织必将迎来蓬勃发展的契机。

二、我国环保社会组织的发展概况

20 世纪六七十年代以来，由于环境、资源问题日益严峻，包括环境污染治理、生态和资源保护在内的环境保护，成为世界范围内备受关注的公共产品。在各国政府和政府间国际组织成立专门的环境保护部门的同时，风起云涌的环境保护运动将环境保护非政府组织推向历史的舞台。我国政府对环境保护工作也非常关注，1979 年颁布了《中华人民共和国环境保护法》，同期，国家环保局以及我国第一个环保民间社团——中国环境科学学会正式成立。改革开放以来我国广阔的社会和公共空间，促使一大批环保组织迅速成立和发展，1993 年成立的中华环境保护基金会、1994 年成立的"自然之友"、2005 年成立的中华环保联合会等是其中的典型代表。据不完全统计，截至目前，环保社会组织的规模达到 3500 多家。同时，由于现行的双重登记注册制度，很多环保社会组织未经民政部门正式注册登记，少数环保组织采取

① 《环境保护部关于培育引导环保社会组织有序发展的指导意见》（环发〔2010〕141 号），转引自北大法律信息网。
② 《中共十八大报告》，载《人民日报》2012 年 11 月 18 日。

了"曲线的"工商注册的形式①。因此，环保社会组织存在形式比较复杂，包括社会团体、民办非企业单位和基金会等。虽然组织形式不尽相同，环保社会组织积极开展了各种环保公益活动：向公众宣传与倡导环保意识、监督企业污染排放行为、监督和参与政府环境决策、支持环境污染受害者开展环境维权等，一定程度上弥补了政府环境监管的失灵，已经成为推动我国环保事业发展的重要力量。

但是，环保社会组织在为推动我国环保事业发展发挥了积极作用、做出了突出贡献的同时，也面临体制性、政策性障碍，制约了环保社会组织的健康有序发展。一是对社会组织实行双重审批登记的制度，限制了大多数民间环保组织登记注册合法化。二是绝大多数环保社会组织面临着资金严重不足的问题，阻碍了正常环保业务活动的展开。就我国大多数以环境公益事业为主旨的环保社会组织而言，经费问题一直是困扰其生存和发展的主要问题之一。由于有限的财税优惠政策并未得到很好的落实，加之社会公益捐助意识淡薄，目前，我国大多数环保社会组织没有固定经费来源，办公条件差，工作人员薪酬低，没有失业、养老、医疗等福利保障，在很大程度上阻碍了环保社会组织的健康发展。再次是环保社会组织专业能力不足，限制了其环保活动开展的广度和深度。我国环保社会组织致力于环境保护的目标明确，事业心强、参与热情高，但由于专业性人才匮乏、基础薄弱，而使参与环境政策制定和实施社会监督的能力不足、成效不高。

三、我国环保社会组织健康有序发展的建议

为促进我国环保社会组织健康有序发展，使其能够发挥最大的作用，促进生态文明建设，笔者认为，应重点做好以下几个方

---

① 王名、陶传进：《中国环境保护领域非政府组织发展现状以及相关公共政策的分析和建议》，载《中国公民社会发展蓝皮书》，北京大学出版社 2008 年版，第 214—216 页。

面的工作:

（一）完善和构建综合性政策法规体系

首先，改革现有对环保社会组织登记实行双重审批的制度。近几年，我国北京、深圳等部分地区按照分类管理的原则，对包括环保社会组织在内的公益慈善类、社会福利类、社会服务类三类民间组织降低了登记门槛，允许三类组织可在民政部门直接登记注册。这些实践创新促进了当地社会组织的发展，为积极探索社会组织管理体制的创新积累了宝贵的经验，获得了中央主管部门的高度认可与肯定。2013 年 3 月正式公布的《国务院机构改革与职能转变方案》明确提出："要改革社会组织管理制度，对于重点培育、优先发展的行业协会商会类、科技类、公益慈善类、城乡社区服务类社会组织，可以直接向民政部门依法申请登记，不再需要业务主管单位审查同意。在坚持积极引导发展、严格依法管理的原则下，建立健全统一登记、各司其职、协调配合、分级负责、依法监督管理的社会组织管理体制"①。并要求在 2013 年 12 月底之前完成《社会团体登记管理》等相关行政法规的修订工作。这就意味着中央在制度层面宣告了双重管理体制的终结，同时民间组织的直接登记制度有了法制保障。环保社会组织具有纯公益性、相对的非政治敏感性以及与政府理念的一致性②，应归类于公益慈善类社会组织，可直接向民政部门依法申请登记，不再需要业务主管单位审查同意，这将为环保社会组织的设立降低门槛，为其进一步发展壮大扫清制度上的障碍。

同时，应加大环保领域资金支持政策的落实和执行力度。足够的资金是支撑环保社会组织生存和发展的基础。在保障环保社会组织自治性、独立性、灵活性的同时，政府部门可采取多种措

① 《关于国务院机构改革和职能转变方案的说明——2013 年 3 月 10 日在第十二届全国人民代表大会第一次会议上》，参见 www.gov.cn/2013lh/content_ 2350…2013 – 03 – 10。

② 国务院发展研究中心社会发展研究部课题组：《社会组织建设：现实、挑战与前景》，中国发展出版社 2011 年版，第 179—180 页。

施为环保社会组织特别是严重缺少资金的草根环保社会组织的正常发展提供必要的资金政策支持。通过构建和落实包括政府职能转移、购买环保公共服务、资金补贴、税收优惠等多种政策措施在内的综合性政策支持体系，既能充分发挥环保社会组织提供环境公益服务的社会功能，又能为环保社会组织的健康发展提供的坚实的资金和物质基础。

（二）构建综合监管体系，提升环保社会组织的专业化能力与公信力

首先，环保社会组织要明确自身定位，尊重政府环保部门的主导作用，做好参与和监督工作。必须明确，在我国政府主导、市场推进、公众参与环保的环保机制下，环保社会组织最根本的目的是要和政府开展合作、良性互动，"帮忙不添乱，补台不越位"，做好政府想做但暂时还来不及做的事情或是没有精力做的事情，协助政府保护环境建设生态文明，构建和谐社会。帮助企业实施环境友好的生产和经营，实现经济效益、社会效益和环境效益的统一。帮助解决一些社会广泛关注的、重大的、紧迫的、关系人民群众切身利益的现实问题，纠正环境问题上的"政府失灵"和"市场失灵"。

其次，环保社会组织登记管理体制发生改变后，如何在法治框架下对环保社会组织的行为进行规范引导变得尤为重要。要实现由过去重入口管理转为入口管理与日常管理并重，由重行政管理转为行政、法律、经济手段相结合的综合管理，构建以政府和社会监督、环保社会组织自律相结合的综合监管体系。引导环保社会组织实现透明化、制度化、规范化运作。进而提高环保社会组织的社会诚信度、公信度和认知度，从而吸引更多优秀的专门人才、筹集更多环保资金、招募更多环保志愿者，积累更多利于自身健康发展的社会资源，使环保社会组织走上良性、可持续发展之路。

此外，坚持培育发展与规范引导并重原则。为实现对环保社会组织"在培育中规范，在规范中引导，在引导中发展"的目

标，除了环保社会组织自身努力强化政治意识、业务能力、管理水平和专业化水平外，环保部门应对环保社会组织给予必要的能力培训，鼓励环保社会组织积极开展相关活动，努力为环保社会组织的公益活动提供力所能及的支持，提高环保社会组织的政策、业务水平和参与环境保护事业的能力①。

（三）规范环境信息公开程序，拓展环保社会组织的参与渠道

首先，环境信息知情权是环保社会组织参与环境保护的前提条件，目前我国环境信息的公开程度不够。环保社会组织对政府部门相关环境信息了解不充分，对政策制定的背景不清，缺少介入前期工作的机制和渠道。同时一些部门和企业出于自身利益考虑，对环保民间组织实施社会监督心存疑虑，对企业环境信息公开持消极态度，导致环保社会组织参与制定环境政策十分困难。赋予和保障环保社会组织环境信息知情权，可以弥补政府环保信息收集和发布中的不足，更有利于政府环保工作的展开。为此，必须继续完善相关规定，确立环保社会组织在环境信息公开制度中的地位；明确环境信息公开的义务主体，明确相关企业环境信息公开的规定；明确环境信息公开的范围、程序、时间、和费用以及侵犯环境信息公开知情权的司法救济途径等。

其次，拓展环保社会组织参与环保的渠道，保障其环境监督权的实现。组织环保社会组织参与环境法律法规的制订和实施，参与重要建设项目环境影响报告的评议、审核过程，参与环境管理决策的做出，参与环境科技的研究、示范与推广，实现环保部门与环保社会组织之间沟通、协调与合作机制的建立，保障环保社会组织对环境政策的实施、行政处罚和行政许可行为、重大项目环境保护情况等监督权的实现。

（四）明确赋予环保社会组织提起环境公益诉讼的权利

公益诉讼的核心问题是拓宽原告资格。受制于原《民事诉

---

① 《环境保护部关于培育引导环保社会组织有序发展的指导意见》（环发〔2010〕141号），转引自北大法律信息网。

讼法》第 108 条"原告必须与案件有直接利害关系"之规定，多年来，一些环保社会组织以维护社会公共利益为目的向人民法院提起环境公益诉讼案件很难被案件法院受理。严峻的环境污染现状、频发的环境纠纷以及极低的环境诉讼率，促使一些地方环境司法实践先行一步———一些地方法院设立环保法庭和检察机关、环保社会组织提起的几起环境公益诉讼得到受理（尽管结案方式不尽相同），并促使新《民事诉讼法》环境公益诉讼规则的建立。新《民事诉讼法》第 55 条规定："对污染环境、侵害消费者合法权益等损害社会公共利益的行为，法律规定的机关和有关组织可以向人民法院提起诉讼。"该条既解决了制约提起民事公益诉讼的障碍———原告资格问题，也是创新社会管理的一个重要举措。但是该条规定较为原则性，尚需具体的实施规则，否则公益诉讼制度就会流于形式。笔者认为，在公益诉讼的适用范围、起诉主体、管辖法院、受理条件、诉讼程序、诉讼费用等方面均需研究制定适用规则。其中，就起诉主体中的"有关组织"的认定而言，尚存疑问：其一，新民诉法第五十五条规定的起诉主体为"法律规定的机关和有关组织"。其中，"法律规定的"的限制范围除了"机关"，是否包括"有关组织"，即起诉的主体是"法律规定的机关"和"法律规定的有关组织"，还是"法律规定的机关"和"有关组织"？笔者认为，"法律规定的"的限制范围不应包括"有关组织"。因为相关环境、诉讼立法中从未规定"有关组织"，如果"法律规定的"的限制范围包括"有关组织"，则导致没有任何符合要求的"有关组织"。其二，如何认定"有关组织"的范围？如前所述，现有环保社会组织的存在形态比较复杂，有的登记注册了，有的未经登记注册，有的以企业组织的形态存在，这就需要人民法院在司法实践中，综合考虑各环保社会组织与案件的关联程度、专业能力、社会信誉等因素，逐步探索确定和逐步扩大其适用范围。同时现在正值《环境保护法》修订之时，其中应明确赋予不同形态环保社会组织提起环境公益诉讼的主体资格，为环保社会组织提起环境公益诉讼提供法制上的保障，促进实现鼓励公益诉讼，减少环境污染上访和群体性事件的立法目标。

参考文献

1. 黄晓勇主编：《中国民间组织报告（2011–2012)》，社会科学文献出版社 2012 年版。

2. 黄晓勇主编：《中国民间组织报告（2013)》，社会科学文献出版社 2013 年版。

3. 国务院发展研究中心社会发展研究部课题组：《社会组织建设：现实、挑战与前景》，中国发展出版社 2011 年版。

4. 杨东平主编：《中国环境发展报告（2012)》，社会科学文献出版社 2012 年版。

5. 刘鉴强主编：《中国环境发展报告（2013)》，社会科学文献出版社 2013 年版。

6. 汪劲主编：《环保法治三十年：我们成功了吗》，北京大学出版社 2011 年版。

7. 王社坤：《我国环境公益诉讼司法实践与制度构建调查报告》，载《中国环境法治：2012 年卷（上)》，法律出版社 2012 年版。

8. 江必新主编：《民事诉讼法新制度讲义》，法律出版社 2013 年版。

9. 《中共十八大报告》，载《人民日报》2012 年 11 月 18 日。

10. 《环境保护部关于培育引导环保社会组织有序发展的指导意见》（环发〔2010〕141 号），北大法律信息网。

论公益诉讼主体之社会组织

宋忠胜　陈　娟　王艺霏*

　　摘　要　随着新的民事诉讼法的出台，公益诉讼主体资格范围进一步扩大，由原来的有关社会团体更改为有关组织，这标志着我国公益诉讼历史上跨越性的进步。原告资格问题是构建公益诉讼制度的核心问题，而社会组织作为公益诉讼的主体在诉讼中扮演着重要的角色。

　　关键词　社会组织　公共利益　主体资格

　　随着改革开放步伐的推进，我国的社会主义市场经济快速稳定的发展，但是在发展过程中出现了大量的环境污染、侵害公共利益以及损害众多消费者权益的"公害"案件。由于诉讼原告主体资格的限制，这类案件中正在面临着无处可诉和无胜可诉的局面。法院给出不受理的理由是，这类案件的当事人必须是与受诉的案件有法律上的利害关系。在理论界，公益诉讼主体资格是学者们长期研究、重点研究的对象，公益诉讼的理论架构已日趋完整，而本次民事诉讼法修改案中的公益诉讼条款和理论上的公益诉讼仍存在一定的差异和距离。

一、公益诉讼主体之社会组织概说

　　"公共利益"是指有关社会公众和大多数人利益，是属于社会的、公有的利益。它既区别于社会成员个体的利益，也不是社

　　* 宋忠胜，河北经贸大学法学院教授；陈娟、王艺霏，河北经贸大学国际法专业2013级法学硕士研究生。

会个体成员利益的简单相加的总和，而是全体社会成员利益的综合体。由于对主体资格的界定不同，学者们对"公益诉讼"的概念有不同的见解。通说认为，公益诉讼是指国家、社会组织或公民个人以原告的诉讼主体资格，对侵犯社会公共利益的行为向法院起诉，通过法院依法审判，依法追究违法者的法律责任，保护社会公共利益的诉讼制度。根据西方国家理论文献的表述，"公益诉讼"特指公民个人或非政府组织代表公共利益提起的诉讼。①

在公益诉讼制度中，具有相应知识和能力的社会组织，在有违反公共利益行为发生时，即使其直接利益没有因不法行为而遭受到侵害，但是国家利益，社会公共利益可能会遭到直接的或者间接的损害时，相关社会组织就有权利和义务提起诉讼，对社会公共利益进行保护。任何普通群众都是社会公共利益的共同主体的一份子，都有权因合法权益受到侵害而向人民法院提起诉讼。没有个体就谈不上公众，个体利益与公共利益总是同时存在的，当公众性权益被侵害时，个人是最敏感的，因为个人对自身利益保护的积极性是最高的。正如谚语所说："每一个人都是自己利益的最佳保护者"。而个人力量毕竟是有限的，社会组织是由众多具有一定的专业能力和知识的个人组成的。因此，从维护环境公益和社会和谐，以及规制政府的行政行为的角度来说，对涉及公益损害的案件，必须扩大社会组织作为原告的起诉范围。

二、社会组织作为公益诉讼主体的优势

其一，在获取信息方面，社会团体大多都是由社会群众组成，贴近社会生活，因此更容易获取和发现损害公共利益的信息，从而能够迅速地做出反应。

其二，在整体素质方面，社会团体的成员一般都具有一定的

---

① Palma castle and martyr Day. The Environment ant the Law – Does our Legal System Deliver Access to Justice. Environmental Law review，2004，6（4）：233.

专业知识和较高的文化水平。由于包括环境、法律等方面的人才，在搜集、保全证据以及对相关法律的掌握方面，社会团体是一支具有较强诉讼能力的队伍，能够有力地支持取证、开庭等诉讼活动，遇到的障碍要比公民在提起诉讼过程少，从而节省司法资源，减少法院的压力，同时也会提高法院的审判效率。

其三，在利益动机方面，社会团体以其设立宗旨为指向，以保护相关社会公共利益为己任，其动力来源于自身的热情和责任心，并非为履行职责或迫于外部监督。

其四，在社会影响力方面，社会团体主要服务于大众，赢得了民众的广泛关注和支持，也能更好地提高与环境污染单位的抗衡能力。社会组织参与到民事公益诉讼案件中，影响范围比个人更广，效果更加明显。

除此之外，在费用、独立性等方面，社会团体也拥有比其他民事公益诉讼主体明显的优势，既能够有效避免当事人承担巨额的诉讼费，以避免公民个人提起公益诉讼时受到的经济和社会压力等因素的牵制，同时由于社会团体在工作中积累了大量的经验，也可以达到更好地维护公共利益又防止滥诉的目的，能有效处理因环境破坏遭受损害的众多受害人和消费者之间的纠纷。

三、社会组织作为公益诉讼主体存在的主要问题

公益诉讼的目的是在于维护社会公众的正当权益，从宪法学角度来说，众多消费者的生命财产权和环境权是公民的基本权利，因此立法不应该过分地在社会组织作为公益诉讼的原告资格上做过严的限制。《民事诉讼法》修正案对公益诉讼的主体规定，尚存在以下问题：

（一）社会组织作为公益诉讼在理论上的缺乏

《民事诉讼法》对原告资格采用"适格说"，即原告必须是与本案有直接利害关系的公民、法人和其他组织。因此，公民进行民事诉讼，必须依据与自己切身相关的权益才得提起，公共利

益被侵害时，个人原则上是不能作为公益的代表人提起诉讼的。① 在行政诉讼领域，原告的主体资格取决于"是否有法律上的利害关系"，只有公民、法人或其他组织认为具体行政行为侵犯其合法权益时，才有权提起行政诉讼，而对侵害公共利益的行政行为和抽象行政行为，即使是未依法行政引发重大公益损害的，仍不能通过诉讼途径解决。无论在我国现行的三大诉讼法还是在《环境保护法》中皆如此，只有《刑事诉讼法》明确规定针对危害国家利益、社会公共利益的犯罪行为，检察机关有权向人民法院提起刑事诉讼，并且也没有相关组织的监督和保护的相关条款。可见，我国的法律对公共利益的保护是软弱无力的。

（二）社会组织作为公益诉讼主体在立法上的限制

由于我国现行诉讼中实行的是诉讼主体一元化，因此公益诉讼主体资格受到了严格限制。梁慧星教授指出："由于我国法律没有直接规定公益诉讼制度，因此，公民进行民事诉讼过程中，必须依照与自己切身相关的权益提起民事诉讼，否则，公共利益被侵害，个人原则上是不能作为公益的代表人提起诉讼的。"② 根据我国《民事诉讼法》第 108 条之规定，提起公益诉讼的原告必须符合两个条件：一是法定的民事主体，包括公民、法人、其他组织，二是与案件有直接利害关系。两个条件缺一不可，否则将不能作为权利主体提起诉讼。如此立法的后果，往往会使很多热心于公益诉讼的组织提起的诉讼被法院无情地驳回或者败诉，法院的理由大多都是原告不是与案件有直接利害关系人，没有资格提起诉讼。而我国《刑事诉讼法》第 77 条对此有例外规定："国家、集体财产遭受损失的，检察院在提起刑事诉讼的同时可以附带提起民事诉讼"。这种原告"一元化"的立法是以财

---

① 肖建华、唐玉富：《论公益诉讼的理论基础与程序构建》，载《河南省政法管理干部学院》2008 年第 1 期。

② 梁慧星：《关于公益诉讼》，载《私法研究》（第一卷），中国政法大学出版社 2001 年版。

产私有制为前提的，即假设任何合法权益都有着积极的捍卫者，一旦其权益受损，那么权利人必然会诉求于法律。① 然而，在公益诉讼中由于权利主体是社会公众，这种权利主体的分散性和不确定性导致了权利主体难以根据现行的法律直接行使自己的诉讼权利和捍卫自己的合法权益。这就造成了在对于损害社会公共利益的诉讼中，由于诉讼主体的有效性和诉讼主体立法的缺失，使诉讼不能进行。

（三）社会组织作为公益诉讼主体实践障碍

我国法律意义的社会组织分为两种，一种是根据社团管理条例需要在民政部门登记注册的社会组织，其登记条件较高，比如必须有 50 个以上的会员等。另一种是不需要登记的人民组织或者经国务院批准成立的社会组织，比如残联、妇联、工会等。但是这类组织在财政上与政府是供应关系，在管理上受政府的领导，有的还行使着一定的管理职能。他们具有提起民事公益诉讼的能力，但是否具有动力进行诉讼活动，仍然存在很大的疑问。从社会实践来看，此类社会团体在进行公益诉讼时往往动力不足。相较于不需要登记的人民组织或者经国务院批准成立的社会组织，经注册的社会团体既有保护公益的热情，也有进行公益诉讼的法律资源和组织资源，但是，其参与民事公益诉讼的现实并不乐观。如 2008 年中华环保联合会曾就云南阳宗海污染事件提出公益诉讼，但被驳回。2010 年，重庆绿色志愿者联合会对国电阳宗海发电公司二氧化硫减排不力提出公益诉讼，未被受理。直到 2010 年，中华环保联合会状告贵阳一造纸厂排放工业污水获得胜诉，成为全国首例社会组织作为公益诉讼主体并获得胜诉的案件。

---

① 张艳蕊：《民事公益诉讼制度研究——兼论民事诉讼机能的扩大》，北京大学出版社 2007 年版，第 167 页。

四、关于社会组织作为公益诉讼主体的建议

日益突出的污染问题和消费者权益保护问题不仅直接损害了成千上万人的生活与健康，造成了巨大的经济损失，而且严重威胁到社会的整体利益与公众的长远利益，无利于社会的稳定和发展。而在我国现阶段，社会组织无论是在制度上还是自身的组织上都不够完善。为了让社会组织更多参与到保护公共利益的诉讼中，更好地保护社会公众的利益，需要更多更合适的社会组织参与到公益诉讼中来。法律在立法的时候应首先赋予社会大众作为公共权益的一种共有的身份，这样有利于公益诉讼监督制度的完善和发展。① 每个人作为环境的受益者都有义务保护环境，任何人都可以作为环境的代理人提起诉讼，代理人包括国家、公民、法人以及其他社会团体。由于公益诉讼所涉及的是公共利益和大多数人的利益，普通公民在诉讼中承担相关诉讼的能力是非常有限的，因此需要某些特定的社会团体来承担公益诉讼主体的责任。这些社会团体主要是以促进和保护公共利益为宗旨的非营利性组织，如消费者协会、残疾人协会、环境保护组织、动物保护组织等，他们对相关公共利益的密切关注使他们成为公益诉讼积极的推动者。

（一）在立法上，应该对社会团体进行完整严格的规范，赋予具备一定条件的组织（如消费者协会）以诉讼权

根据社会组织自身成立的宗旨、章程赋予其不同内容、种类的公益诉讼权，如环保组织可就环境污染提起公益诉讼，动物保护组织可就动物资源遭破坏提起公益诉讼，消费者协会和残疾人协会可就其成员权益受到侵犯提起公益诉讼等。这些组织可以是具有法人资格的社会组织，也可以是不具备法人资格的社团；可以是基于团体章程，以公益事业为目的，为追求自身整体利益而直接起诉，也可以是基于共同利益的多数成员的委托，也可以是

---

① 王树义：《环境法专题系列研究》，科学出版社 2008 年第 5 版，第 141 页。

为了实行特定的诉讼而临时组织起来的组织或团体。明确社会组织的职责，规定其权利和义务，充分发挥社会组织作为公益诉讼主体的积极作用。

（二）社会组织本身也应不断发展和完善

改变社会组织的评定标准，在对社会组织的考察过程中，其设立宗旨、活动计划、制度规章等，应作为主要考虑的因素，而会员人数、活动场所则作为一般考虑因素。广泛吸纳社会上具有较高综合素质和广泛成员基础的社会组织，与政府共同保护社会公共利益。在社会组织成立后，依据其设立宗旨，检查在一定时期内该社团的活动情况，针对其活动成效及时进行指导或告诫。也可以借鉴日本等国的做法，由立法者授权有关行政机关对符合起诉条件的社会组织进行认定，定期公布、定期更换。最后，对"草根组织"在民事公益诉讼中的地位进行认可。实践中，有些地方已开始尝试让"草根组织"加入到民事公益诉讼主体的队伍中来。2011 年 10 月，云南省曲靖市中级人民法院受理了"自然之友"就曲靖铬渣污染事件提起的公益诉讼，"自然之友"在法律上不属于社会团体，而是民办非企业单位，这是国内首例由草根环保组织提起且得到受理的环境公益诉讼。2011 年 12 月，重庆市高级人民法院也出台意见规定，公益性社会团体可依法提起环境公益诉讼。在环境保护领域草根组织的地位逐步得到认可，也表明这些"草根组织"同样能够在民事公益诉讼领域发挥其作用。

（三）在实践中，加强对社会组织实行监督，避免其自身行为触犯公众利益

检察院作为我国法律的专门监督机关，对于维护社会公共利益和社会公众利益有着义不容辞的责任。在实践过程中，针对社会组织不愿起诉的情形，可以以检察建议的方式建议起诉。对于社会组织不能起诉的情况支持起诉，并在起诉过程中对其进行监督。同时建立公众对社会组织起诉活动的监督机制，保障在起诉过程中社会组织有损害当事人和公众权益时，公众有保障自己权

益的救济途径。加强社会组织之间的相互监督，使公益诉讼制度更加完善和合理，从而有效解决和预防损害公共利益事件的发生。

参考文献

1. 黄辉明：《民事公益诉讼的原告资格与激励机制思考》，载《法制与经济》2012 年第 12 期。

2. 金亮星：《完善公益诉讼制度促进和谐社会建设》，载《今日中国论坛》2008 年第 1 期。

3. 吕娜：《论我国公益诉讼制度的构建》，载《科技信息》2008 年第 4 期。

4. 汤维建：《论检察机关提起民事公益诉讼》，载《中国司法》2010 年第 1 期。

5. 别涛：《环境公益诉讼》，法律出版社 2007 年版。

6. 颜运秋：《公益诉讼理念研究》，中国检察出版社 2002 年版。

实践与探索

论对社会组织的社会监督

丁　渠*

摘　要　社会组织社会监督的理论依据包括经济人假设、委托代理理论、公共责任理论和防止权力异化。目前,我国社会组织的社会监督还存在诸多缺陷,社会公众监督意识弱化、新闻舆论监督乏力、独立第三方评估制度缺位和信息公开不到位。完善社会组织社会监督机制,应当完善公众监督、加强新闻监督、健全独立第三方评估制度、推进信息公开、规范网络监督。

关键词　社会组织　社会监督　管理体制

改革开放三十多年来,我国社会组织发展迅猛,对于促进经济增长、推动政治参与、保障民生和实现社会公正发挥了重要作用。实际上,无论是在发展中国家、发达国家还是国际社会中,无论从数量上还是从影响力上,社会组织的痕迹已渗透到社会生活的各个角落。① 根据国际经验,科学合理的社会组织管理体制是政府监管、社会监督和行业自律三者的有机结合。加强对社会组织的社会监督,对于保障我国社会组织健康发展具有重要意义。

一、社会组织社会监督的理论依据

(一)经济人假设
按照西方经济学原理,市场主体都属于“经济人”,即以谋

---

* 丁渠,河北经贸大学法学院副教授,法学博士。
① 刘桂云:《我国第三部门的发展及其法律环境》,载《河北法学》2010 年第 7 期。

求自身利益的最大化为活动目的。虽然社会组织的出现是为了解决"政府失灵"和"市场失灵"，但是，社会组织本身也属于"经济人"。虽然社会组织肩负代表公共利益的职责，但是它也有追求自身的地位、权力和影响力的内在动机。此外，社会组织成员都是血肉之躯，他们为了满足自身生存、享受、发展的需要，必然会自觉或不自觉地追求各种各样的利益。在利益动机的驱动下，他们会追逐更多的经济利益、荣誉、权力或者其他有效用的稀缺物品。① 因此，如果不加强对社会组织的社会监督，社会组织就可能背离公益性的本质属性，置社会公共利益于不顾，而一味追求自身利益的最大化，从而可能造成"志愿失灵"。

（二）委托代理理论

委托代理理论是现代西方经济学中的一个重要理论，其核心内容是通过设计一种合理的激励机制，对代理人进行激励，使其按照委托人的意图努力工作，实现代理人与委托人利益的双赢。委托代理理论的基础是三个假设：一是代理人拥有"私人信息"，代理人的行为不易为外界所知晓；二是委托人不直接参与企业经营活动，与代理人之间存在信息不对称问题；三是代理人属于"经济人"，具有追求自身利益最大化的内在动机。因此，基于以上三个假设，代理人完全可能利用自身的信息优势谋求自身利益最大化，从而可能出现道德风险和逆向选择的现象。委托代理理论起初主要是用于解释企业中因所有权与经营权分离而形成的企业经营问题，但是，实际上，不仅企业中存在委托代理关系，社会组织中也存在委托代理关系。由于自身的公益属性，社会组织天然就是公共利益的代理人。对于社会组织来讲，委托代理关系表现为三个方面：政府和社会组织之间、社会捐赠者和社会组织之间、受益者与社会组织之间都是委托代理关系。由于社会组织与政府、社会捐赠者、受益者之间存在信息不对称，而社

---

① 陈晓春、赵晋湘：《非营利组织失灵与治理之探讨》，载《财经理论与实践》2003 年第 3 期。

会组织又属于"经济人",具有追求自身利益最大化的动机,因此,社会组织运行中难免会出现绩效低下、高层管理者寻租等一系列问题。因此,需要一种绩效问责的手段来降低社会组织潜在投机主义行为发生的风险。①

(三)社会组织的公共责任理论

对社会组织进行社会监督的原因与其承担的公共责任直接相关。社会组织的公共责任是指社会组织应当就自己的行动向社会做出交代,向社会承担法律责任,接受社会监督。社会组织的公共责任的来源基础包括两个方面:第一,社会组织承担公共事务管理职能。在传统社会中,公权力通常由国家垄断,公共事务管理职能一般都由政府承担。进入现代社会之后,随着政治经济社会发展状况的变化,政府已经无力负责全部的公共事务管理,不得不不断向社会转移公共事务管理职能。由此,社会组织已经成为政府之外最重要的社会公权力行使主体。公权力是每个公民权利让渡的结果,公民把自己的一部分权利转移给公共部门,委托其保护自己的权利与利益。因此,公权力行使主体就必须向社会承担公共责任。第二,社会组织的经费主要来自于社会捐赠。作为非营利组织,社会组织的主要经费来源就是社会捐赠。社会组织本质上是这些公共财产的受托人,受社会的委托来管理、使用这些财产。因此,社会组织要向社会公众承担受托人的管理责任。

社会组织的公共责任主要包括法律责任、财政责任、绩效责任、职业责任和道德责任。法律责任是指社会组织要对其行为承担法律上的责任,财政责任是指社会组织要对其资产的管理、运营效益向公众做出交代,绩效责任是指社会组织要对其活动计划及实现状况向公众做出交代,职业责任是指社会组织要运用自身的专业技能来促进和保障社会公共利益,道德责任是指社会组织及其成员的行为要满足社会道德规范的要求。

---

① 谢静:《我国慈善组织的社会问责机制探析》,载《学会》2012 年第 1 期。

（四）防止权力异化

对于任何社会公权力，如果不进行监督制约，必然会导致权力的滥用与异化。对于权力异化，人们过去往往只关注于国家权力的滥用上。实际上，社会组织也存在权力异化的可能。社会组织存在的目的是为了更好地代表与维护社会公共利益，而一旦其权力滥用，就会危害社会公共利益。社会组织的权力异化主要表现是：消极不作为，怠为履行社会公共服务职责；将社会组织管理的公共财产用于内部员工个人消费使用；违反有关法律法规的规定筹款；挪用公益基金和社会捐赠物资从事违背组织宗旨的活动；侵占或贪污社会捐赠款物；逃税漏税、逃汇骗汇；违反有关法律法规的规定，擅自开展营利性活动；日常管理活动中铺张浪费。例如，轰动全国的"牙防组事件"就是社会组织滥用权力的典型案例。

二、社会组织社会监督的缺陷

（一）社会公众监督意识弱化

目前，社会公众对社会组织的监督普遍存在监督意识不强的问题。长期以来，由于受民主发展状况和公民社会发育程度的影响，我国政治生活中的公众参与程度低，公民的社会政治参与热情普遍不高。我国漫长的皇权专制统治留下的最大民族心理包袱就是臣民意识盛行，公民意识淡薄。中国许多民众心中把自己定位为"顺民"、"臣民"，而不是"公民"。虽然，宪法规定了人民参与国家事务管理的权利，有关的法律法规赋予了公众监督社会组织的权力，但是，普通公众很少主动行使监督权。改革开放之后，我国公民的权利意识、公民意识和民主意识有所提高，但是与时代发展的要求仍有较大差距。即使有些民众具有自觉监督社会组织的现代公民意识，也存在监督渠道不畅的困扰。对于大多数人来讲，只有自身的合法权益受到社会组织侵害时才会拿起法律武器进行维权，否则就会奉行"事不关己高高挂起"的行为习惯。

此外，虽然社会捐助者和服务对象在对社会组织的公众监督上占据重要位置，但是也存在监督动力不足的困境。对于小额社会捐助者来讲，由于自己所捐助的数额较小，因此缺乏对社会组织进行监督的积极性；对于大额社会捐助者来讲，由于其本身往往业务活动繁忙，因此也没有对社会组织进行监督的精力。而有些社会捐助属于遗嘱捐赠，捐助者更无法进行监督。对于社会组织的服务对象来讲，由于其本身往往属于弱势群体，缺乏获取监督信息的手段，也难以对社会组织进行监督。

（二）新闻舆论监督乏力

新闻媒体对社会组织监督乏力的问题比较突出。首先，新闻媒体对社会组织的舆论关注不够。与国家机关的权力滥用相比，社会组织的权力滥用往往具有隐蔽性的特点，不容易被发现。在新闻监督实践中，新闻媒体往往把监督的重点放在对国家机关和国家工作人员身上，容易忽略对社会组织的监督。在很多情况下，都是在政府有关主管部门发现社会组织的失范行为之后，新闻媒体才进行报道。其次，新闻监督力度不足。与发达国家相比，我国新闻媒体的发展远远滞后于社会发展的需要。目前，我国许多新闻媒体仅仅是国家行政职能的必要延伸，其自身缺乏独立的监督地位。虽然，一些新闻机构也开始关注社会组织问题，但是正面宣传多、反面宣传少的现象依然非常普遍。因此，我国新闻媒介对于社会组织的监督还没有发挥应有功能，新闻监督的能量还处于未激活状态。

（三）独立第三方评估制度缺位

从发达国家社会组织的发展看，独立第三方评估制度在社会组织的社会监督上发挥了至关重要的作用，而我国社会组织的独立第三方评估制度还存在明显不足。一是对于独立第三方评估制度的重要性认识不到位。在对社会组织的监督管理中，政府主管部门主要还是青睐于传统的行政监管手段，尤其是行政许可、行政处罚等刚性执法措施，轻视第三方评估制度这种新型的监督手段的价值。有些政府主管部门和管理人员甚至会认为，采用第三方评估制度会削弱主管部门的行政权威，会使主管部门失去对社会组织管理的主导权。由此以来,第三方评估制度实施中的政府推动与指导远远滞后于评估工作的需要。

二是独立第三方评估中的社会参与不到位。独立第三方评估制度的贯彻实施,既需要政府主管部门的推动,也需要社会组织、评估机构的成员单位和社会公众的积极参与。但是,实际情况是社会组织对于第三方评估制度不热心,尤其是那些管理混乱、运行实效差的社会组织更是对此有抵触情绪;评估机构的成员单位把参加第三方评估作为一种额外的负担,敷衍了事,消极对待此项活动;普通社会公众由于信息不对称和政治参与热情不高,也很少关注社会组织的第三方评估活动。

三是第三方评估机构的组成存在先天不足。按照国际通行做法,独立第三方评估机构应当定位为民间组织,其成员应当全部由民间人士担任。但是,按照民政部颁布的《全国性民间组织评估实施办法》,民间组织评估专家由民间组织登记管理机关、业务主管单位、政府有关部门、民间组织科研机构、会计师事务所、律师事务所和民间组织等有关专家组成,因此,我国现行的社会组织评估机构实际上是一个官方主导、官民结合的组织,不是一个纯粹的独立第三方评估机构。这样一来,所谓的第三方评估制度就大打折扣了,就失去了该制度应当具有的超脱性与民间性,而充其量只是一种行政监管手段的翻版。

(四)信息公开不到位

信息公开是保障公众知情权的重要载体,也是对社会组织进行社会监督的重要形式。2007年国务院颁布了《政府信息公开条例》来规范政府信息的公开行为,该条例第36条规定,"法律、法规授权的具有管理公共事务职能的组织公开政府信息的活动,适用本条例";第37条规定,"教育、医疗卫生、计划生育、供水、供电、供气、供热、环保、公共交通等与人民群众利益密切相关的公共企事业单位在提供社会公共服务过程中制作、获取的信息的公开,参照本条例执行"。按照《政府信息公开条例》的规定,社会组织信息公开的方式包括两种:主动公开和依申请公开。

主动公开是指社会组织定期通过网络、简报、报纸等媒体公布有关信息，这些信息主要包括涉及公民、法人或者其他组织切身利益的信息、需要社会公众广泛知晓或者参与的信息、反映本组织机构设置、职能、办事程序等情况的信息，等等。依申请公开是指公民、法人或者其他组织根据自身生产、生活、科研等特殊需要，向社会组织申请获取相关信息。这些法律规定为社会组织的信息公开行为提供了法律依据。目前，我国大多数社会组织的信息公开工作还存在严重的不足。首先，社会公众对于各类社会组织的宗旨、服务范围和服务机构等基本信息缺乏了解。由于社会组织不注重信息公开，使公众很难掌握社会组织的基本情况，既难以获得社会组织的服务，也难以对其进行监督。针对公益慈善组织信息透明度的调查显示，仅有不到三成的公益慈善组织信息透明度较高，近九成受访者表示从未接受过公益慈善机构的信息反馈，超过九成的公众对慈善信息公开程度不满意。①

其次，社会组织的财务不公开情况比较普遍。许多社会组织以保密为由不向社会公开自身的经费来源和支出情况，使社会公众难以了解社会组织的真实运行状况，使公众监督成为空谈。调查显示，社会公众普遍关注的社会组织年度工作报告、筹款用途、项目效果和年度财务报告等事关组织公信力的信息，大多数社会组织尚未公开。许多社会组织对于社会捐赠款物的使用情况不进行公开。一些社会组织在接受社会捐赠之后，对于该款物的管理与使用情况，既不告知捐赠者，也不向社会公示。

再次，社会组织信息公开的法律规定不健全。目前，对于社会组织信息公开的专门法律规定主要是《基金会管理条例》、民政部《基金会信息公布办法》和《民政部关于进一步加强社会捐助信息公示工作的指导意见》等文件。《基金会管理条例》和《基金会信息公布办法》只是对基金会的信息公开作了明确规

① 岳金柱、宋珊：《加快推进社会组织管理改革和创新发展的若干思考》，载《社团管理研究》2012年第5期。

定，而对于社会团体和民办非企业单位的信息公开尚没有明确规定。按照《民政部关于进一步加强社会捐助信息公示工作的指导意见》的规定，公益慈善组织要向社会公开社会捐赠的接收和管理情况、社会捐赠的拨付使用情况、向捐赠人反馈信息情况，但是对于公益慈善组织信息公开的具体形式和拒绝公开的法律责任却没有明确规定。

最后，社会组织违反信息公开义务的法律责任不完备。目前，对于社会团体和民办非企业单位违反信息公开义务的法律责任，相关法律法规没有明确规定。对于基金会违反信息公开义务的法律责任，《基金会管理条例》和《基金会信息公布办法》规定了一定的处罚措施：基金会不履行信息公布义务或者公布虚假信息的，登记管理部门可以对其进行警告、责令停止活动；情节严重的，还可以撤销登记。①

三、完善社会组织社会监督的路径选择

（一）完善公众监督

在建立健全社会组织的社会监督体制上，唤醒社会公众的监督意识至关重要。只有每个公民都自觉监督社会组织的行为，才能形成有利于社会组织健康发展的良性土壤。公众对于社会组织的监督具有独特的功能：社会公众监督能够为政府主管部门和纪检监察部门提供社会组织违法与腐败的线索与信息；社会公众监督能够有效培植社会监督氛围与社会廉洁风尚；社会公众监督能够对遏制社会组织的腐败行为提供最广泛的力量源泉。完善社会公众监督，要充分发挥传统公众监督方式的作用。按照宪法和有关法律法规的规定，各级党委、人大、政府、政协、法院、检察院等机关设置的信访机构，可以受理公民对于社会组织的检举控告；各级纪检、监察机关、审计机关可以受理公民对于国有社会

---

① 杨道波：《我国非营利组织信息公开法律制度研究》，载《河北法学》2008年第9期。

组织的检举控告；各级社会组织主管部门可以受理公民对于社会组织的检举控告；各级法院可以受理公民对社会组织提起的诉讼。

（二）加强新闻监督

新闻监督是社会组织的社会监督体系的重要组成部分。新闻监督是通过报刊、广播、电视、网络等新闻媒体反映民众的意见和要求，监督社会组织的各项活动。在西方国家，新闻监督已经成为社会监督的重要形式，被称为与立法权、司法权和行政权相并列的"第四权力"，能够影响社会组织获取资源的能力。因此，对于社会组织的社会监督离不开新闻媒体的参与。新闻媒体具有指导性、真实性、时效性、可读性、群众性等方面的特征，在监督社会组织上具有优势非常明显。第一，新闻监督的影响广泛。新闻媒体对社会组织的监督可以分为肯定与否定两方面，肯定的新闻报道能够有效提高社会组织的知名度与美誉度，使其可以获得更多的社会捐助和政府资助；否定的新闻报道能够把社会组织的失范或违法行为曝光，使其招致社会舆论的谴责和政府主管部门的处罚。可以说，新闻监督既可以使社会组织名满天下，也可以使其身败名裂。第二，新闻监督能够强化社会的监督意识。新闻媒体通过广泛收集和展示社会组织的信息，尤其是社会组织违法行为的信息，能够使社会公众充分了解社会组织的失范与腐败行为，提升民众对社会组织的监督责任意识，从而形成社会监督的良好氛围。第三，新闻监督能够强化社会组织的自律意识。新闻媒介的负面报道，对于违规的社会组织是一种舆论谴责，而对其他社会组织则是一种警示。这样就迫使社会组织增强自律意识，使其自觉规范自己的行为。

为了加强社会组织的新闻监督，新闻媒体应当注重有效发挥以下功能：一是要发挥监督功能。在发达国家，所有的社会组织都要承受社会公众的广泛关注与严格监督，而这种监督主要是通过新闻媒体来实现的。新闻媒体要自觉发挥监督作用，要敢于揭露社会组织的违法行为和腐败行为，并为行政监管提供线索与信息。二是要发挥服务功能。发挥服务功能是指新闻传媒要为社公众提供社会组织信息，既包括社会组织资助对象的有关信息，也包括社会组织本身的信息。同时，新闻媒体要通过展示社会组织信息来引导社会公众的态度和行为，进而引导社会组织的行为。三是要发挥引导功能。发挥引导功能是指新闻传媒要引导全社会来关注社会组织和公民社会建设，引导社会公众树立公民意识和政治参与意识。

（三）健全独立第三方评估制度

独立第三方评估制度是国际上行之有效的社会组织社会监督的重要制度，建立健全独立第三方评估制度对于保障我国社会组织的健康发展具有重要作用。首先，建立独立第三方评估制度有助于提高社会组织的公信力。完善独立第三方评估制度，让独立的第三方对社会组织的运行状况进行公正、客观的评估，能够使社会公众了解社会组织的真实状况，能够极大地提升社会组织的公信力。其次，建立独立第三方评估制度有助于加强对社会组织的监督。由于我国对社会组织的独立第三方评估机制不健全，导致一些社会组织运行效率低下，财务管理混乱，甚至出现严重的贪污腐败行为。独立第三方评估制度能够有效弥补政府监管的不足，提高对社会组织的监督实效。最后，建立独立第三方评估制度有利于促进社会组织的健康发展。独立第三方评估制度，能够对社会组织的运行实效进行客观评判，能够总结好的经验和做法，起到典型示范作用；也能够发现社会组织发展中存在的主要问题，查明问题成因，从而找出解决问题的办法。

健全独立第三方评估制度，首先要保障第三方评估机构的独立性。第三方评估制度的生命力就在于评估机构的民间性与独立性。只有实现评估机构的民间性才能有效保障其独立性，只有实现评估机构的独立性才能保障评估结论的客观性与公正性。唯有如此，才能使独立第三方评估制度成为主管部门行政监管的重要补充。我国目前实行的官方主导、官民结合的第三方评估机构组成，既不符合国际通行做法，也反映出我国目前社会组织管理理念的严重滞后性。说到底，主管部门还是习惯于传统的行政管理模式，凡事都要由行政机关主导与包办，不愿意也不善于使用"社会管社会"的行政管理模式。事实上，完全用行政监管的方式来管理社会组织已经被实践证明是行不通的。因此，今后在社会组织的独立第三方评估制度建设上必须把保障第三方评估机构的独立性放在第一位。当然，任何行政管理模式的运行都存在一定的惯性，实现第三方评估机构的独立性也将是一个渐进的过程。可以说，我国目前的第三方评估制度是社会组织管理真实状况的具体体现。在今后独立第三方评估制度的渐进式完善道路上，应当逐步淡化评估机构的官方色彩，增强其民间色彩，直至完全实现评估机构的民间性与独立性。

其次，要进一步完善独立第三方评估的工作机制。即使实现了第三方评估机构的独立性，也并不意味着就能取得预期的评估成效，还应当进一步完善第三方评估的工作机制。完善第三方评估工作机制的主要内容包括完善社会组织评估指标体系、社会组织评估工作制度和评估操作程序等。只有建立起评估组织健全、评估程序完备、操作规范、运转协调的社会组织评估工作机制，才能发挥第三方评估制度的应有作用。[①]

最后，社会组织要正确对待独立第三方评估制度。评判社会组织发展是否健康，通过独立第三方评估得出的结论是一个客观公正的尺度。社会组织应当把参加第三方评估视为一面镜子，积极对待评估，虚心接受评估结论。实际上，独立第三方评估是对社会组织健康发展的有力促进。独立第三方评估不仅是接受评估、得出评估结论，还包括以评促改和以评促建的内容。所谓以评促改，是指借助评估来促进社会组织的整改提高。所谓以评促建，是指借助评估帮助社会组织加强自身建设。[②]

---

① 贾文德：《完善社会组织评估机制的几点思考》，载《社团管理研究》2012年第 5 期。

② 贾文德：《浅议社会组织评估工作的四个作用》，载《社团管理研究》2011年第 3 期。

（四）推进信息公开

1. 增强社会组织财务信息公开的可操作性

财务信息是社会组织信息公开的重点。我国目前还没有专门的社会组织财务信息公开的法律规定。《政府信息公开条例》主要规范的是行政机关的信息公开行为，《预算法》主要调整的是各级政府、政府部门和国有企事业单位的财政收支预算。由于不管是国有的还是民办的社会组织都会接受国家的财政补贴，所以，应当适时修订《预算法》，将社会组织纳入调整范围。此外，《民间非营利组织会计制度》主要规范的是具备法人资格的民间非营利组织的会计核算与报告制度，而对于其他类型的社会组织并不适用。为了全面规范社会组织的财务披露制度，应当参照《事业单位会计准则》制定《社会组织会计准则》。与此相配套，为了规范对社会组织的审计行为，应该颁布《社会组织审计准则》。

2. 加强社会组织财务信息分析结果的公开

为了加强社会组织财务信息分析结果的公开，首先应当采用科学的财务分析方法。为了提高社会组织财务信息分析结果的可参考性，可以参考企业财务分析的方法，针对社会组织的收支情况、偿债情况和运转情况等进行系统分析。其次，要增加财务分析的指标与项目内容。通过增加财务分析指标与项目内容，可以真实反映社会组织的运营效益。

3. 细化社会组织非财务信息公开的内容

目前，社会组织非财务信息的公开内容，主要体现于社会组织向主管部门提交的《年度检查报告书》。《年度检查报告书》在内容上存在的主要问题是过于抽象与笼统，不容易被外界所理解。这一缺陷源于立法规定过于原则，《社会团体登记管理条例》、《民办非企业单位登记管理暂行条例》、《基金会管理条例》和《捐赠法》对于《年度检查报告书》的内容要求都不够细密。为了提高社会组织非财务信息公开内容的具体性，今后在相关立法中应当细化对社会组织非财务信息公开的要求。

4. 拓展信息公开渠道

为了规范社会组织的行为，除了主动公开和依申请公开社会组织信息外，还应当增加信息公开渠道。一是由政府主管部门对社会组织信息进行公开。有关政府主管部门要将应公开的社会组织信息全部予以公开，这样既有利于保障捐赠者、服务对象等社会公众的知情权，也有利于对社会组织实施有效监督。二是由独立评估机构对社会组织信息进行公开。独立评估机构应当将收集到的社会组织相关信息和评估结果向社会公众进行公开。独立评估机构的信息公开对于社会组织是一种有效的外在制约，可以监督社会组织严格按照组织宗旨开展活动，减少机会主义行为。[①]

5. 明确社会公众的法定救济权

虽然《政府信息公开条例》第 36 条和第 37 条规定，具有管理公共事务职能的组织和与人民群众利益密切相关的公共企事业单位的信息公开适用或参照适用该条例的规定，但是根据该条例第 33 条的规定，公民、法人或者其他组织只能对行政机关的信息公开行为申请行政复议或者提起行政诉讼。也就是说，当社会组织的信息公开行为侵害公民、法人或者其他组织时，社会公众没有行政复议权和行政诉讼权。《最高人民法院关于审理政府信息公开行政案件若干问题的规定》也没有赋予社会公众针对社会组织信息公开行为的行政诉讼权。无救济就无权利，虽然社会公众对于社会组织的信息具有知情权，但是由于这种权利没有法定的救济渠道加以保障，社会公众的知情权事实上是没有保障的权利。同时，既然社会组织的信息公开行为应当按照《政府信息公开条例》的规定进行公开，那么社会公众理应享有该条例规定的法定救济权，否则就是前后矛盾。为了保障社会公众的信息知情权，更有效地维护自身合法权益，应当赋予社会公众对于社会组织信息公开的法定救济权。

[①] 娄峥嵘：《我国非营利组织信息披露机制的理性分析》，载《商业会计》2011 年第 32 期。

（五）规范网络监督

1. 网络监督的特点

一是便捷性。网络监督最大的特点就是便捷性，只需一台联网的电脑就能够浏览信息、发表看法。网络的匿名性使网民免除了监督的顾虑，鼓励其通过互联网反映利益诉求，表达意见建议。另外，网络还具有信息传播速度快的优势，网民发布的信息会以任何传统媒体所不可比拟的速度在网络上传播。

二是广泛性。由于网络具有方便快捷的优点，其已经成为越来越多的人生活中的必备。目前，我国的网民规模已经达到 5 亿，这造就了网络监督主体的广泛性。此外，网络监督的内容涉及国家社会生活的方方面面，包括人事任免、财物使用、项目审批、生活作风等。可以说，网络监督无所不包，网络监督的内容具有广泛性。

三是互动性。互动性是网络区别于传统媒体的最大技术特性。报纸、刊物、电视、广播等传统媒体在传播方式上具有单向性的特征，受众只能被动接受信息，因此，传统媒体能够发挥信息传递作用，但充当不了沟通渠道。而网络所具有的互动性使网民不仅可以接受各种信息，还可以以多种方式发表看法、参与讨论。对于各种消极腐败行为，网络爆料、发帖、评议等方式可以实现网民互动，提高了网络监督效果。

四是高效性。正是由于网络监督具有便捷性、广泛性、互动性的特点，因此，它自然就具备了高效性的优势。涉及社会公共事务、权力人物和权力运行的消极腐败事件，一经网络发布就会迅速传播，形成强大的网络舆论。而这就必然会引起纪检监察等部门的重视，迅速展开调查，并将调查结果公之于众。近年来，有些网络事件，从发生到彻底解决，多则十天半月，少则一两天，展现了网络监督的巨大威力。

五是两面性。网络监督是一把"双刃剑"，既有所长，也有所短。在网络监督中，容易发生侵犯他人隐私权、造谣诽谤、散布虚假信息等消极现象。例如，虚假举报的存在就既扰乱社会秩序，又侵扰被举报人的正常生活。此外，有些网民在发帖、跟帖时语言偏激、情绪极端，甚至为了哗众取宠任意扭曲夸大情节，甚至随意发动"人肉搜索"，大肆展示他人隐私，从而对当事人及其亲属形成网络暴力。因此，如果网络监督运用得当就可以发挥其他媒体发挥不了的作用，但是，一旦使用不当就容易影响社会和谐安定。①

2. 规范网络监督的措施

第一，要通过引导不断提高网民素质。网民是网络监督的主体，网民的文化素养和道德水平直接关系到网络监督的效果，因此，要通过多方引导切实提高网民的综合素质。一方面要提高网民的社会公德意识和社会责任感，网民要自觉遵守国家的法律法规，尤其是互联网管理的相关法律规定，增强社会责任感，文明上网，依法依规行使网络监督权；另一方面，要提高网络运营单位的法律意识和社会责任感，将社会效益放在经济效益的前面，不能为了片面追求经济效益而默许或纵容虚假信息的传播，自觉维护依法依规、宽松自由、文明和谐的网络环境。②

第二，要提高网络举报信息的处理质量。要加强对网络举报信息的收集分析，有关法律监督部门要建立健全网络舆情收集分析制度，确定专门机构和人员负责收集举报信息。要建立网络举报信息的应急预警系统，有关法律监督部门要把网络举报信息管理纳入本部门的应急处置方案，根据网络举报信息的性质、社会影响等因素将其划分成不同应急响应等级。要建立科学的举报信息反馈机制，要通过制度建设对举报信息的收集范围、反馈事件、调查处理结果的公布方式等问题做出明确规定。

第三，要对网络监督进行依法规制。要加快网络立法进程，完善网络监管法律法规，要切实厘清公众知情权与公民隐私权、

---

① 刘源源：《规范网络监督应处理好几个关系》，载《华北水利水电学院学报（社科版）》2012 年第 6 期。

② 薛瑞汉：《网络监督面临的新问题及路径选择》，载《新视野》2010 年第 1 期。

政务公开与国家机密、社会监督与造谣诽谤、言论自由与人身攻击等方面的法律界限，明确相应的法律责任，从而确保网络监督在法治轨道内健康、有序地运行。要尽快出台个人隐私法或个人信息保护法，加强对公民隐私权的法律保护。要加大执法力度，对那些散布虚假信息、恶意诽谤他人、非法"人肉搜索"，以及对网络监督进行压制、打击、报复的行为，要依法追究法律责任。[①]

第四，要将网络监督与传统媒体监督紧密联系起来。网络的出现，并不意味着传统媒体的消失。网络媒体与传统媒体将在相互配合、相互竞争中展示各自的功能。网络监督只有加强与传统媒体的配合与合作，才能发挥出最大监督效能。具体来讲，就是将网络的即时揭露功能与传统媒体报道的深入发掘功能有机结合起来，形成监督合力。当前，网络监督与传统媒体监督相互配合的情形主要有两种。一是传统媒体的新闻报道受到网络媒体的关注与响应。二是传统媒体在网络媒体上获得报道线索并进行追踪。近年来引起广泛关注的社会组织腐败的典型案例，例如"郭美美事件"，大多是由于广大网民持续不断的关注，引起传统媒体的兴趣进而进行采访和深度报道，形成了网络媒体和传统媒体的良性互动，最终推动问题得以解决。

第五，要实现网络监督与制度监督的有机结合。所谓制度监督是指有关监督部门依法对消极腐败行为所实施的监督。国际反腐的实践经验表明，要治理腐败，就必须加强法律监督机关和社会公众的密切配合。网络监督属于社会监督范畴，其主要功能是揭露和曝光消极腐败行为，而对于腐败行为人的调查及处理必须依靠有关部门。[②] 因此，网络监督不能产生直接的法律效力，只有通过与纪检监察等部门的监督相结合才能最终达到监督效果。

---

① 朱逢春：《试析网络监督的社会功能与完善对策》，载《辽宁行政学院学报》2012 年第 8 期。

② 陈党：《网络监督的独特优势与有效利用》，载《中共天津市委党校学报》2010 年第 5 期。

河北省历届村委会的民选
实践评述及启示

吕中行[*]

摘　要　民选村委会，是我国实行村民自治的伟大实践，是新形势下基层社会和谐的前提和基础。本文通过分析研究河北省历届村委会民选实践的得失，以期对推进村委会民选制度提出针对性建议。

关键词　民选村委会　村民自治　建议

1982 年，我国宪法规定了村民委员会（以下简称村委会）是我国基层群众性自治组织。从此，我国农村开始实行由村委会进行村民自治的新阶段[①]。

全国人大于 1987 年通过《村委会组织法》（试行）。河北省从 1988 年开始进行第一次村委会换届选举，之后的前四届民选村委会处于摸索阶段，选举的规范性和程序性都不统一。1998年 11 月，我国正式颁布了《村委会组织法》。1999 年，河北省人大常委会出台了《河北省实施〈中华人民共和国村委会组织法〉办法》和《河北省村委会选举办法》。之后十年，河北省一共进行了第五届至第八届村委会的换届民选，具体操作程序逐步规范，基本实现了由间接民选或任命制到直接民选村委会的重大

---

　　* 吕中行，河北经贸大学副教授。
　　① 刘燕玲等：《论农村基层直接民主建设的困境与出路——以河北省部分农村村委会情况调查为依据》，载《石家庄职业技术学院学报》2010 年第 1 期。

转变。[①]

2010 年 10 月，我国修改了《村委会组织法》，更加完善了村委会成员的产生和罢免程序。河北省汲取在实践中积累的一些做法和经验，也进一步完善了《实施〈村委会组织法〉办法》和《村委会选举办法》。

一、河北省村委会民选实践评述

（一）河北省第一届村委会换届选举是河北省村委会民选的初次实验

自 1984 年人民公社实行政社分设以来，河北省以原生产大队为基础共建立了 50396 个村委会[②]，基层政权建设有了一定进展，但存在着不同程度的以党代政的问题，基层政权的作用还没有得到充分发挥[③]。1987 年试行法颁布后，各地、市进行了少量的第一届村委会换届选举试点工作，当时农村许多乡镇干部害怕选举搞乱社会秩序，希望维持现状，持观望态度。为此，1987 年河北省委省政府下发通知[④]，要求切实加强村委会的建设，发扬和发展民主，实行村委会的直接民选制度，改变过去由乡镇党委或政府指定村委会干部的做法。

（二）河北省第二、第三、第四届村委会换届选举是河北省民选村委会的初步规范阶段

1990 年 6 月，《河北省村委会组织条例》公布施行。针对村委会成员因故出缺时，仍存在由乡镇党委或政府指定人选的现象，《条例》规定村委会成员出缺，应当由村民会议补选，补选

---

① 李国友：《河北省村委会的成效、问题与对策》，载《学习论坛》2005 年第 3 期。

② 有资料显示，1985 年全国共建立村民委员会 94 万多个，王禹：《我国村民自治研究》，北京大学出版社 2011 年版，第 46 页。

③ 曲伟：《黑龙江省村委会中的问题与对策》，载《学习与探索》2005 年第 6 期。

④ 中共河北省委、河北省人民政府冀发［1987］4 号通知。

前的代理人选由村委会确定，并报乡镇政府备案。

全省第二届村委会于 1991 年年初换届①。这届选举是省政府统一部署，规范性有了较大提高。第三届是 1993 年年底开始换届，为加强选举指导工作，河北省民政厅于 1993 年 7 月制定了《河北省村委会选举试行办法》，该办法明确具体，可操作性很强，比如对村委会成员的条件、选举工作机构和职权，选举程序和方法以及罢免和补选等问题都有详细的规定。此届选举存在的问题主要是真正实行村民直接选举的不足 30%，各地普遍存在以村民代表会议或农户代表选举村委会的情况。

全省第四届村委会于 1996 年 11 月开始换届。河北省政府于 1996 年 11 月出台了《河北省村委会选举暂行办法》，强调各地必须遵循平等、民主、差额、直接、无记名投票和秘密划票等原则，实行村民直选。这次选举由省政府统一部署，严格了选举规范，改变了上届以村民代表会议和以户代表选举为主的方式，在全省范围内由村民直接选举的村占选举村总数的 93.1%。基本实现了从间接民选到直接民选。

第四次换届选举成绩明显，但也还存在一些问题：一是个别地区直接民选仍不普遍。据河北省民政厅统计报表的数字，全省间接民选的村有 3338 个，占 6.9%，其中由村民代表选举村委会的村有 1821 个，由农户代表选举村委会的村有 1562 个；由乡镇府直接任命村委会的村有 348 个。而且从河北省人大调研组对其中 13 个县 9 个乡镇 6 个村的实地调查看，情况更不乐观，非直接民选村委会的现象仍较严重②。20% 以上没搞直接民选，个别县超过甚至 30%。还有个别地方仍然违法指定、委派、撤换村委会成员。二是宗族派性势力干扰换届选举。有些村受宗族派

---

① 河北省第二届村委会的任期是 1991 年至 1993 年，第三届任期是 1994 年至 1996 年，第四届任期是 1997 年至 1999 年。

② 王英、刘雪松：《吉林省社会主义新农村建设中的村委会问题研究》，载《吉林农业科技学院学报》2006 年第 4 期。

性影响，各派之间争权夺利，给村委会选举带来很大困难。比如在本届换届选举中有的市竟有200多个村未成功选举，其中，有70个村是宗族派性干扰造成的，占30%。三是少数县乡干部认识落后，总觉得由民选的干部不好用，乡镇工作不好落实，对推行选举态度消极。有些县乡甚至采取换届不换人的办法，把上届村委会班子延续下来。据不完全统计，全省采取此类办法的约20%以上。四是部分群众民主意识和法制观念淡薄。一些偏远落后的农村，部分村民不关心村里的事，参加选举的态度非常消极。五是一些经济发达的地方，参选竞争激烈，出现请客送礼、四处活动拉选票现象，有的甚至承诺，选我当村主任，免交"三提五统"，或直接给钱。六是有的地方村民对选举中的不合理现象，不是通过正常渠道反映，而是采取扯票箱、砸会场等粗暴行为阻挠选举正常进行。七是有的村民不能正确行使自己的民主权利，只强调享有权利，不愿意履行义务，将"不收三提五统、不搞计划生育"，违反法律法规和政策的人选为村委会成员①。

经过前三届的探索、实践，河北省村委会换届选举工作逐步规范和成熟。特别是第四届村委会换届选举在国内外造成了很好的反响，河北省还多次接待了外国机构和组织对活动的观摩，有力地宣传了我国在基层民主建设方面取得的成就。② 1996年8月，全国村委会换届选举经验交流会在河北省围场满族蒙古族自治县召开，还现场观摩了围场县棋盘山镇村委会选举。会上总结交流了各省一些富有创造性的做法，比如在提名推荐村委会初步

---

① 纪荣荣：《安徽省村委会进展及立法研究》，载《乡镇经济》2009年第7期。

② 如1997年3月4日赵县韩村镇北辛庄村召开了第四届村委会换届选举大会，接待了英国路透社、加拿大广播电视公司、芬兰第三电视台等国外驻京新闻机构的7名记者及部分国内记者进行现场观摩和采访。卡特中心代表团当时在考察河北省乡村选举后，有记者在美国《基督教科学箴言报》发表文章认为，这种处于雏形期而且非常纯朴的选举在某些方面已经超过了美国。1997年5月30日，接待了美国驻华大使尚慕杰一行5人观摩保定高碑店市北城办事处陈各庄村委会换届选举。

候选人上，采用了"海选"方式。确定正式候选人上，实行了预选和村民代表无记名投票。设立秘密划票间，防止了宗派、帮派势力的干扰，保障了选民按照自己的意志填写选票，行使民主权利。正式候选人介绍上引进了竞争机制，鼓励发表治村方案，允许选民提问，开展平等竞争；对在外经商、打工等不能在选举期间回村参加投票选举的村民实行用信函寄选票的函投方式，提高了参选率。会议认为本届选举的基本经验是：加强各级党委、人大、政府的领导是搞好的重要保证；广泛宣传发动群众是搞好村委会换届选举的基础；依法办事是关键。承德围场县总结的"八步直选法"（选举部署，选举发动，选民登记，健全村民代表会议制度，确定候选人，正式投票选举，健全组织，完善制度），受到民政部和专家、学者、国际友人的高度赞誉①。

（三）河北省第五、第六、第七届村委会换届选举是民选村委会的巩固和发展阶段

1998 年 11 月 4 日，我国公布施行了《中华人民共和国村委会组织法》。该法更加完善了村委会选举程序。

1. 全省于 1999 年 12 月开始组织第五届村委会换届选举，到 2000 年 6 月底全省选举任务基本完成

据统计，全省 49912 个村中，已经完成换届选举的村有 49656 个，占应换届村总数的 99.5%；全省共有选民 3750 多万人，参加选举的 3429 多万人，参选率达 91.4%。全省选出村委会主任、副主任 96629 名，委员 116763 名。其中，中共党员 134311 人，占 63%；有一技之长的农民企业家、专业户 90175 人，占 42.3%；村委会成员的平均年龄 41.5 岁，比上届下降了 2.3 岁；大专以上文化程度 1143 人；初中以上文化程度 206586 人，占 96.9%，比上届提高了 2.8%②。这届的主要成就有三个：一是全省形成了党委统一领导，人大监督检查，政府组织实施，

① 冯仁：《村委会走进了死胡同》，载《理论与改革》2011 年第 1 期。
② 任中平：《村委会究竟应当向何处去》，载《理论与改革》2011 年第 3 期。

部门协调配合的村委会换届选举新格局。二是广大农民群众依法正确行使自己的民主权利，民主意识、参政意识有了前所未有的提高。三是已进行村委会换届选举的村都实行了村民直接选举，真正实现了由任命制和村民间接选举到直接选举产生村委会的重大转变。这届村委会换届选举工作取得的效果：促进了基层民主政治建设，强化了村委会班子建设，进一步密切了干群关系，推进了农村经济、社会公益事业的发展，为农村改革发展稳定注入了活力。总体上比较成功，并创造、总结了一些好的经验做法，得到了民政部的充分肯定。这次换届选举取得积极的社会效果的原因，分析起来有以下几点：一是广泛开展宣传贯彻村委会组织法活动，通过广泛宣传、深入发动，引导大家正确认识民主选举与加强党的领导的关系，乡镇政府、党支部与村委会的关系，行使民主权利与依法履行义务的关系，增强了广大村民搞好民主选举的自觉性。二是组织领导有力。改变了过去政府一家单打独斗的现象，全省各级党委、人大、政府都把第五届村委会换届选举作为今年农村工作的大事来抓。举个明显的例子，第四届村委会换届领导小组组长是政府的副省长，成员只是政府相关厅局，本届则是省委副书记为组长，各地建立健全了以党委、人大、政府主要负责同志任组长副组长，以组织、宣传、公安、司法、民政、妇联、财政等有关成员单位参加的选举工作领导机构和办事机构。各地都是县委书记是"第一责任人"，乡镇党委书记是"直接责任人"，实行干部包村负责制，深入实地指导选举工作。同时，加强了基层党组织对选举工作的领导，村党支部书记要依法进入村民选举委员会。三是严格依法按程序选举。坚持严格依法办事，该给群众的权利一点不能留，法律规定的程序一步不能少。严把选民登记、候选人推选、候选人资格审查、选举大会组织等关键环节。对扰乱破坏选举的依法严厉打击，全省共制止破坏选举事件298起，拘捕滋事扰乱选举的63人次，查处违法选举的个案365起，及时进行纠正和依法处理。此外还有加强选举工作人员培训、抓好选举试点工作等行之有效的做法。同时还及时规范档案管理，建章立制，全省共修改完善村委会章程、村规民约 85134 份①。

第五届选举存在的主要问题。由于这是村委会组织法正式实施和河北省的实施办法、选举办法出台后的第一次选举，农民参选热情高，选举工作标准高，对全面组织村委会选举工作缺少经验，对农村选举工作的复杂性、艰难性估计不足，对换届选举工作中出现的一些新情况、新问题在工作指导上和有些问题的解决上不够有力。除了旧有的乡镇干部认识问题、久拖不选、不直接选举、违规操作等问题外，极少数乡镇领导主观内定村委会人选，当选举不随自己心愿时，不让宣布选举结果，不颁发当选证书，甚至撕烧选票，直接干扰了换届选举工作。部分村民法制观念淡薄，农村家族、宗派势力干扰选举在一些地方依然比较突出，个别地方也发生了"贿选"行为，也有冒名顶替投票的。个别村党支部成员和原村委会成员经济不清，不敢进行选举，一些村民坚持不查清经济问题不能进行选举，因此造成换届选举不能正常进行。部分干部思想观念、工作方法与新形势发展不适应，对村委会的重要性、长期性认识不足，工作主动性、自觉性不高，领导不力，容易导致选举工作出现问题。一些农村基层党组织核心作用发挥不够，"两委"关系不够协调，有的村甚至没有党支部成员进村委会班子。

2. 第六届村委会换届选举工作情况

河北省委、省政府确定全省第六届村委会换届选举工作从 2003 年 1 月 4 日开始，到 2003 年 4 月底结束。由于"非典"的影响，部分市、县选举工作向后推迟。到 9 月中旬，全省除邯郸市 8 月刚刚开始部署外，其他 10 个市的换届选举工作基本结束。全省 49752 个村，已有 47054 个村完成了换届，占村委会总数的 94.6%，选出村委会成员 188216 名。这届村委会换届选举工作

① 王华华、邱奇芳、丁强：《"村委会"的困境及其实现》，载《理论与改革》2011 年第 5 期。

组织有力，进展顺利，程序规范，村委会成员的整体素质明显提高。一是村级班子结构进一步优化。新当选的村委会成员的平均年龄40.3岁，比上届下降了1.2岁；高中以上文化程度的69408万人，占36.9%，其中大专以上文化程度的3412人，占1.8%；新村委会班子共产党员96127万人，占51%，比上届提高了2.3个百分点；妇女12147万人，占7.5%；有一技之长的102386人，占54.4%，比上届提高了12.1个百分点。二是精减了干部职数，减轻了农民负担。选举中提倡村"两委"成员和村委会成员同各下属委员会成员的双向交叉兼职，换届后全省村委会成员总数比上届减少了11319人；其中党支部和村委会成员交叉兼职的63538万人，占村委会成员总数的33.8%，村委会各下属委员会主任、村民小组长一般由村委会成员兼任。三是村委会的组织机构体系和规章制度更加配套、完善。依法推选产生新一届村民代表94.1万人，村民小组长23.5万人，建立下属委员会16.5万个，加强了村级机构建设。四是农民的民主法制意识进一步增强。各地普遍以这次换届选举为契机，加大了对农民群众的民主法制教育的力度，引导他们学法、知法、懂法、守法，正确使用和珍惜自己的民主权利。本次换届，选民的参选率达93.8%以上，比上届提高了2.4个百分点[①]。广大选民不仅参选热情高于上届，而且选择鉴别能力也明显增强，搞贿选的、违法许愿乱拉票的、认为选举与己无关的现象明显减少。全省第六届村委会换届选举工作主要有以下四个特点：一是选举能够依法进行，运行比较平稳。向省里反映违法选举问题的群众来信来访与上届相比减少了48.9%。二是前期准备工作比较充分。三是中央14号文件提出的"四个提倡"得到了较好的落实。四是广大干部群众的法律意识和民主意识增强，竞争更加激烈。

第六届村委会选举存在的主要问题：一是选举工作整体进展缓慢。省里要求4月底完成，但仍有2689个村到2003年年底没

---

① 王维博：《中国第一个村委会诞生记》，载《村委会主任》2010年第6期。

有完成选举。原因之一是赶上市县两级换届，主管领导变化大，安排部署工作滞后；再就是突发的"非典"疫情的严重影响。以往的一些违法违规问题在极少数地方依然存在。本届村委会换届选举，是新修改的《选举办法》施行后的第一届，而《选举办法》修改的条款又比较多，广大农民的参选热情高，加之我们对选举中出现的一些新情况、新问题研究得还不够透，对一些地方存在的问题解决的力度还不够。如对村民选举权和被选举权的确认问题，不符合候选人条件的人当选问题，对扰乱、破坏选举或不正当竞争的查处问题，对怎样启动罢免程序的问题，对村委会三年一届时间太短的问题，对父子或夫妻同时被推选为村委会成员候选人的问题等，新修改的《选举办法》都未做明确规定，需要在今后的工作中认真研究解决。

3. 第七届村委会换届选举工作

全省第七届选举时间是 2005 年 12 月到 2006 年 7 月。从总的情况来看，这届选举组织有力、运行平稳、进展顺利。国家民政部对河北省这届选举工作予以充分肯定：河北省第七届村委会换届选举工作，各级党委、政府高度重视，宣传发动充分，民政部门指导有力，选举严格依法，选民参选率高，信访量明显减少，选举效果好，总结出不少有益的经验和做法。六个特点：各级党委、人大、政府高度重视；各成员单位充分发挥职能作用；选举程序更加规范；一次选举成功率比较高（全省有 40483 个村一次选举成功，占 83.4%）；超级上访案件大幅度减少；中央提出的"四个提倡"得到了较好的落实（全省有 86158 名新当选村委会成员与党支部成员交叉任职，占总数的 52.7%，有 21177 个村实现了村委会主任与党支部书记一人兼，占总数的 43.6%）[①]。但是上一届选举中暴露的问题仍然没有很好地解决，比如有的地方选举工作中暴露出一些违法竞选、违规操作和程序不规范问题。

① 王禹：《我国村委会研究》，北京大学出版社 2004 年版，第 5—10 页。

（四）河北省第八届村委会换届选举民选村委会的继续完善

这届村委会换届选举是从 2007 年 11 月到 2008 年 4 月，由省组织部牵头。截至 2008 年 8 月底，全省 49342 个村中，有 48986 个村完成了选举工作，占总数的 99.3%，共选出村委会成员 158296 名，其中主任 48681 名，副主任和委员 109615 名。总的来看，第八届村委会换届选举工作，由于各级领导高度重视、组织严密有力、操作程序规范、整体进展顺利，达到了进一步加强农村基层民主政治建设的基本要求。村委会成员结构进一步优化。新当选的村委会成员的平均年龄 44.9 岁，其中党员 106998 名，中专（高中）和大专以上文化程度的村委会成员分别达到 75721 名和 18689 名，一大批政治素质好和致富能力强的优秀人才被选进新一届村委会。村级组织成员更加精干高效。通过积极倡导村"两委"成员交叉任职，换届后全省村委会成员总数比上届减少了 5137 名。村支部书记与村主任一人兼的 15648 人，占村委会总数的 31.7%；村"两委"成员交叉任职的 72369 人，占村委会成员总数的 45.7%。全省选民的参选率达到 94.5%，比上届提高了 1.5 个百分点[①]。

这届选举主要特点：一是推进力度比较大。这届村委会选举与村党组织选举同步进行，由党委组织部门牵头协调，民政部门具体指导，这在河北省是第一次。各级的重视程度普遍提高，推进力度普遍加大。二是选举程序更加规范。整个换届选举工作严格依法组织实施，始终坚持履行程序不走样、遵循步骤不减少、执行法规不变通。县、乡、村三级通过制定工作方案和实施细则，进一步规范和细化了选举程序和步骤。三是一次选举成功率明显提高。由于各级组织指导有力、宣传发动广泛深入、严格依法组织选举、村民的民主法制观念增强等因素，全省有 42890 个村一次选举成功，占全省村总数的 86.9%，比上届提高了 3.5

---

① 胡锦涛：《高举中国特色社会主义伟大旗帜为夺取全面建设小康社会新胜利而奋斗——中国共产党第十七次全国代表大会上的报告》，2007 年 10 月。

个百分点。四是村委会换届工作总体上平稳顺利。各级认真负责地做好群众来信来访接待工作，依法处理群众反映的问题，努力把问题解决在基层。换届以来，各级及时发现和解决苗头性、倾向性问题 7000 多件（次），查处违法违纪行为 312 件，本届选举越级上访案件较上届明显减少，换届期间未发生大规模的群体性事件，基本实现了平稳换届。

本届选举最大的特色是积极探索创新。一是大力推行任期目标承诺制。选举投票前，组织候选人在选民大会上进行竞职演说，做出目标承诺。承诺目标内容由乡镇党委、村民选举委员会把关，并在村务公开栏公布。全省 47131 个村推行任期承诺制，占全省村总数的 95.5%。二是开展"自荐直选"试点。凡有意参与竞选的村民，提前报名。这种方式有利于扩大基层民主。全省有 4511 个村采取"自荐直选"的方式，占全省村总数的 8.4%。三是试行女性候选人"定位产生"制度。提名村委会成员候选人时，可在提名票上专门设置"女委员"栏目，鼓励选民提名女性候选人。本届选举共有 24169 个村试行了这一制度，占全省选举村总数的 48.9%。共选出女性村委会成员 14417 名，其中 453 名当选村委会主任。

这届村委会换届工作受到了中组部、民政部、全国妇联的充分肯定。2008 年 3 月，全国推动农村妇女参与村委会实践经验交流会在石家庄召开，对河北省试行女性候选人"定位产生"的做法给予了高度评价；5 月，民政部来函对河北省第八届村委会换届选举工作给予了充分肯定；中组部在广西南宁召开全国农村"两委"换届选举工作座谈会，对河北省推行任期目标承诺制、"五选七不选"等做法给予了高度肯定①。

这届也同样存在一些问题：一是全省还有 356 个村没有完成换届选举。原因是这些村大多数情况比较复杂、宗族派性矛盾比

---

① 《中共中央关于推进农村改革发展若干重大问题的决定》（2008 年 10 月 12 日中国共产党第十七届中央委员会第三次全体会议通过）。

较突出、遗留问题和信访隐患较多，存在工程项目建设、城中村改造以及拆迁占地补偿纠纷等问题。二是长期积累的矛盾集中暴露。换届期间，信访案件不少，主要涉及历史遗留问题、村干部作风、宗派矛盾、村务公开、财务管理等方面。三是一些新情况、新问题需要认真分析和研究。比如，对村委会届期较短问题，对选民登记问题，对村民选举权和被选举权的确认问题，对扰乱、破坏选举的查处问题，对"贿选"的认定和查处问题等，需要立法上出台有效的规定和办法。

二、新形势下河北省民选村委会存在的几个突出问题及对策

现阶段民选村委会出现的带有普遍性的问题，主要是家族、宗派势力干扰破坏选举、贿选等违法现象严重；候选人资格难以审查；妇女难以当选村委会成员；村规民约对选举的制约问题；村务公开的规范化问题。这些问题，有些属于立法完善的问题，有些属于需要在实践中逐步解决的问题，下面对一些主要问题进行分析。

（一）关于村委会届期的认识问题

每一届村委会任期三年，多数村干部认为太短。从 2004 年起，我国宪法修正案就将乡镇人大的任期由三年改为五年。村委会的工作主要与乡镇的国家工作人员发生联系的，村干部普遍希望届期同步一致。因为在实践中，村干部三年一选，而且都是提前部署，大家认为村委会换届耗时费力，好不容易选上了，工作还没有走上正轨，又快到换届了。所以有人形象地称村委会班子任期是"一年看、两年干、三年等着换"。正因为这样，有些村干部即使上任了，为了让老百姓看到业绩，对一些长期性项目不愿投入，而只想干点短期见效的事情，影响了村里各项事业的长远发展。2010 年村委会组织法修改，也未改变这一现实。从立法者和部分村民角度来看，村委会三年任期虽然短，但有能力有威望的人可以通过连选连任来解决，而那些干得不好的，也不能

长时间让他占着位置，用不着等太长时间，老百姓就能借国家法律和政策顺势将他选下去。这样，在农村这个熟人社会里，避免采用其他方式，比如启动罢免等这些既麻烦又伤面子的做法，有利于农村的社会和谐。

（二）如何确保妇女在村委会中有适当人选问题

村委会有适当比例妇女成员，既是宪法规定的男女平等原则的重要体现，也是社会民主的内在要求。1999 年民政部颁发了《关于努力保证农村妇女在村委会成员中有适当名额的意见》，要求进一步提高对此问题重要性的认识，采取有效措施，确保法律的规定落到实处。

问题是国家法律没有明确村委会妇女成员的比例是多少。立法中的"应当"的含义，我们理解就是必须至少有一名。实践中各地落实情况很不乐观，整个河北省妇女当选比例也还是较低。第七届村委会选举妇女成员 15972 人，占 9.8%，之前的第六届更低，是 7.5%。最近的第八届虽然推行"定位产生"力度较大，共选出女性村委会成员 14417 名，人数较上届为多，妇女当选的比例也只有 9.1%，妇女村主任仅 453 名，占 0.9%，远低于全国的 17.6% 和 2.7% 的比例；若按照法律规定，每个村至少有一名妇女当选，河北省 49342 个村就要有 49342 名妇女当选，这个差距很大。在立法中如何进一步明确和保障，成为各省修改有关选举程序规定的热点问题。

（三）家族、宗族势力及贿选等违法行为操控干扰选举的问题

传统封建意识的影响在一些农村中比较严重，家族、派性观念在很多农村非常浓厚。村委会对本村农民集体所有的土地和其他财产有管理权，这种权力与老百姓切身利益密切相关。村委会干部选举成了家族、派性之间争权夺利的竞争目标，尤其在村集体经济比较发达的地方更加激烈。

各种宗族、派别之间明争暗斗，违法干扰、破坏甚至操控选举等现象越来越严重，表现形式有，选票发给你，看着你填，严重侵犯村民自主权；有的看本宗派当选希望不大就拒不参加选

举，造成选举过不了法定票数，使选举工作难以进行；有的村出现扰乱选举会场、砸票箱、撕扯选票等破坏行为，甚至引发派性间的暴力冲突，造成恶性事件，社会影响极为恶劣。除了暴力，贿选也成为了派性之间采取的一种温和的破坏选举的方式。如请吃请喝，给农户送米送油等，因为数额不好界定，查处也非常困难。有的还打着慈善的名义在过年过节给农户一点实惠，本意是贿选，但性质难以认定。以前有乡镇府指定村委会人选时，群众不关心选举，用一包烟、几块钱就换张选票的情形已经不复存在，现在有的候选人为当选动辄花十几万元、几十万元甚至数百万元，不能不引起有关部门的高度重视。

第八届村委会换届选举时，有一些农村为了防止宗族派性干扰选举，采取了一些新的措施，比如有的村选举外姓小户人家的人当选村主任，有的村实行村民秘密划票等。解决贿选也是如此，如有些村贿选存在一种方式，就是我给了你财物之后，你除了在选票上投我，还在要另选他人一栏里填上投票人名字，这样唱票时一看就知道，谁到底选没选我。有的农村就有对付这样情况的办法，就是把一张选票分开唱两次，把选票对折起来，先统一唱投候选人的票，再集中唱另选他人的票，这样，行贿的人就无法判断谁没有选他。减少贿选，不仅要加大查处力度，更要在完善程序上下功夫。针对最新出现的黑恶势力干扰选举问题，要高度警惕，对有苗头的，坚决严厉打击，维护农村社会和谐稳定。

（四）关于河北省民选村委会地方立法存在的几个问题

1. 村委会成员中近亲属的任职回避问题，河北省地方立法没有涉及

其他省已有规定，如湖北省选举办法规定：村委会成员之间实行回避制度，选出的村委会成员之间有夫妻或者父母子女关系的，只确定职务最高的一人当选；如果职务相同，只确定得票最多的一人当选。近年来，河北省村委会换届选举中也出现了不少有近亲属关系的同时当选为村委会成员的情况，但是目前河北省

立法没有做出禁止性规定，出现此种情况则只有承认其当选有效。这既不利于防止家族势力干扰村委会选举，也有可能出现家族宗派势力把持村委会的局面，从而剥夺村民的民主。

2. 关于选民资格问题

"选民"一词具有特定的政治含义，是我国选举法中的概念。河北省地方立法为了表述上方便，沿用了"选民"一词，并对选民的概念界定为登记参加选举村委会的公民。但村委会组织法没有使用选民一词，而是在法律条文中表述为"登记参加选举的村民"，参加选举的村民并非《选举法》中的选民，二者含义、性质、规定的权利并不相同，维权的救济途径也不同。村委会组织法明确了村委会选举与国家选举的区别，更加突出村委会的农村社会管理职能。原来各省的选举办法都用了"选民"一词，现在大多数省份均将"选民"修改为"参加选举的村民"。河北省地方立法不能忽视这个问题。

3. 关于村民代表、村民小组长和村监会的监督管理规定问题，河北省地方立法也应该重视

国家法律只规定了村民代表、村民小组组长任期与村委会的任期相同，可以连选连任。地方立法应当增加推选的具体时间、程序等内容，推选村监会成员的时间也应一并加以规定。地方立法应该做明确规定，形成规范的制度。

4. 关于候选人资格审查问题

候选人的条件规定的如何，直接关系到选举出的村委会班子的整体质量，对于农村经济发展，乃至农村的和谐稳定，至关重要。[①] 有人认为，既然规定了选举权的平等原则，就不应该再对候选人条件进行限定。这只是机械地理解了法律的规定。大家选出来的在理论上讲应该是团体中最优秀的人，所以规定一些倡导

[①] 规定候选人的一定条件是必要的，就连西方的选举，候选人的点滴瑕疵都会被对手拿来大做文章，同样表明选举是好中选优，每个人都有选举权和被选举权，并不意味着每个人都可以成为候选人。

性条件是十分必要的，有些时候还要成为刚性的条件，如曾经有过损害村民利益的可以一票否决。

结　论

民选村委会在新形势下面临诸多问题，村委会如何民选，应当尊重客观规律，结合农村的实际，建立与之适应的方式并不断完善和创新。我们要相信农民，尊重农民的自主权利，促进村委会民选真正高度民主化。

建立中国区际仲裁协会的构想

——以欧盟这一区域性国际组织为视角

谢俊英[*]

摘　要　在我国特殊的"一国两制"体制下，大陆和港澳的司法机关和立法机关相互独立，这使得我国区际商事争议的解决在政府方面显得无能为力。本文试着从欧盟在解决各成员国的商事争议的理念和做法出发，分析我国各法域的商事争议不能得到有效解决的原因及其弊端，并提出建立民间性组织——区际仲裁协会，并对拟成立的仲裁协会未来的组织机构和职责做了构想。

关键词　区际仲裁协会　民间性　仲裁

欧盟 European Union（其前身为欧共体）和一般的国际组织不同，其成员国须遵守共同法律，这一点类似于联邦制国家，但每个成员国又有相对的独立性，如有自己的军队，可以自行决定外交政策等。这些特点又决定了欧盟区别于联邦制国家。迄今为止，欧盟共有 27 个成员国，作为当今世界一体化程度最高的区域性国际组织，经过近 50 年的发展，它的法律以及解决民商事纠纷的机制，已构成了一个新的法律秩序。众所周知，1957 年成立欧共体是为了实现经济上的合作与融合，规定无论成员国大小、富裕程度、政治体系如何，都享有同等的权利，但各国须让渡部分国家权力，如立法权、司法权、金融政策、内部市场、外

---

[*]　谢俊英，河北经贸大学法学院副教授。

贸等。所以，欧盟形成为一个超国家联盟，他可以无需成员国的同意，单独立法。欧盟从最初的 6 个核心国家发展为如今的 27 个成员国，注意培养各成员国自觉积极推进法律融合的欧盟精神是欧盟一贯的追求，这也积累了大量世界上独一无二的解决不同法域法律冲突的经验，当然，在解决各国纠纷方面欧盟更是取得了巨大成功。这些最终使得欧盟不仅完成了经济上的巨大融合，也一定程度上实现了政治上的融合，这样一个区域性组织的成立与运作对中国这样一个"一国两制"的国家来说，有着非常现实的意义。而就商事纠纷解决机制来讲，欧洲议会及欧盟理事会的一些做法就提供了很好的蓝本。如 2008 年颁布的建立调解机制的指令。（指令或规则由欧盟理事会或委员会直接制定，直接在成员国境内发生国内法上的效力。因此，欧盟解决各国法律冲突特别喜欢采用更为有效、直接和便捷的指令或规则立法来代替困难重重、步履维艰的条约立法）。该指令通过鼓励使用调解以及确保调解与司法程序之间的平衡关系促成纠纷的妥善解决。欧盟这一纠纷解决理念，对于我国正在努力建构的多元化纠纷解决机制无疑将大有裨益。基于此，我们试着从仲裁、调解等非诉讼方式出发，建议设立有关区际组织，目的很明确，即协调甚至统一中国各法域解决商事争议的机构和规则。我们也会抱着良好愿望，希望有一天，这样的组织也能如欧盟一样，在统一某个领域的法律和行为过程中，却逐渐并且自然地取得了意想不到的其他方面的融合。[1]

一、设立中国区际仲裁协会的背景

（一）经济基础的必然要求——各法域频繁的经济交流要求公正高效的解决商事纠纷的机构

香港特区与内地是不同的经济体系，为了继续保持香港特区的自由贸易港和世界金融中心的地位，中央政府采取了一系列惠

---

① 肖永平：《欧盟统一国际私法研究》，武汉大学出版社 2002 年版。

港措施。最值得一提的当属 2003 年《内地与香港关于建立更紧密经贸关系的安排》（CEPA）的签署。此协议也是接受世界贸易组织审议的最早的自由贸易协议之一。此后，通过不断补充和完善，CEPA 的 9 个补充协议也先后出炉。其中，从 2011 年 12 月 13 日到 2012 年 6 月 29 日半年时间内，分别签署了 CEPA 补充协议八和 CEPA 补充协议九，新增加了制造业有关的服务、跨学科的研究与实验开发服务、图书馆、档案馆、博物馆和其他文化服务，教育服务 4 个开放领域。从 2003 年到 2012 年，一系列协议逐步形成了内地对香港特区较为系统的开放体系。实际上，在货物贸易领域，内地与香港特区已经全面实现了自由化；贸易额每年都以不低的比重在上升。如 2010 年和 2012 年 1—7 月，香港特区与内地的贸易和与贸易有关的投资见下表：

数据一：2010 年香港特区与内地的经济合作数据①

项目 内容	数量	同比	环比
贸易额	136.4 亿美元	+ 36.3%	+ 34.4%
投资额	848 份	+ 18.4%	+ 1.1%

数据二：2012 年 1—7 月内地与香港特区经贸交流情况②

项目 内容	数量	同比	环比
贸易额	1759.2 亿美元	+ 10.8%	- 1.9%
投资额	6529 份	- 14.9%	- 7.4%

2012 年的数据虽然体现出在环比和投资额的同比率上有所下降，但和 2010 年的绝对数量比，是大大地增加了。总之，这

---

① 见新浪财经网，http：//finance. sina. com. cn/roll/20100618/ 14418136145. sht-ml。

② 见商务部网站，http：//news. hexun. com/2012 – 09 – 03/145409469. shtml。

两组数据充分证明了内地和香港特区密切的经济往来。而在服务贸易领域，到 2012 年 6 月，CEPA 对香港特区服务贸易的开放部门已经达到了 149 个，"到'十二五'末期，内地对香港也会基本实现服务贸易的自由化"。① 上述数据充分证明了香港特区与内地密切的商事关系。密集而深入的经济合作与交流，必然带来大量的民商事争议的产生。如果不能高速有效地解决这些跨法域的商事争议，势必影响两地的经济发展与合作，更重要的是，最终会影响到两地其他方面的融合与交流。而在我国现行"一国两制"体系下的纠纷解决机制又无法高速有效地解决纠纷，所以，必须另辟蹊径，建立能够完成此任务的组织或机构就成了当务之急。②

（二）司法基础——各法域现行制度带来司法途径解决纠纷的困境

1997 年、1999 年香港和澳门的顺利回归，除了出现严重的区际法律冲突外，更是在区际纠纷的解决上带来了世界上前所未有的障碍，而任何社会组织的成立都是在异议和批评声中诞生的。对于区际仲裁协会的提法，起始于我国台湾地区的"联合仲裁"概念。最先在内地对此呼应的当属詹礼愿博士，但遭到了许多学者特别是北方学者的反对。认为两岸三地已经有为数不少的仲裁机构，再建立专门的区际仲裁协会岂不是重复建设，浪费资源。针锋相对的是，詹博士在不同的场合和他的一些论文中（如发表在武大国际法评论上的《区际法律服务市场准入与合作机制初探》以及发表在法治论坛上的《论中国区际商事仲裁制度的构建》）也作出了反驳，但他的反驳都仅限于阐述建立此协会后会带来的"美好未来"，忽略了分析如果不建立此协会会带

---

① 2011 年 8 月 17 日，李克强副总理在香港出席"国家'十二五'规划与两地经贸金融合作发展论坛"期间宣布，"争取到'十二五'末期，通过 CEPA，内地对香港特区基本实现服务贸易的自由化"。

② 李健男：《论中国内地与香港区际法律冲突解决的观念重构》，载《太平洋学报》2010 年第 7 期。

来多少"噩梦障碍"。笔者试着从分析当前司法途径解决各法域纠纷的障碍入手来提出建立此协会的构想。

1. 没有共同的最高司法机关

由于我国实行的是世界上前所未有的"一国两制",基本法又赋予各法域独立的立法权和终审权,这造成的现状就是:在司法主体上没有最高的司法机关,我国在四法域之上没有统一的最高法院。所以,依赖最高法院作为上诉法院解决纠纷的途径也不存在。基于此,我国直到现在,在商事纠纷解决方面还如两个国家一样进行管辖的选择等,而这种选择必然带来"挑选法院"的情况。在一个主权国家内部,出现上述尴尬也是世界上独一无二的。所以笔者认为,我们也可以在各法域之上,建立一个类似于欧盟一样的区域性组织,当然性质应该不同于欧盟的政府间组织性质,而应该定性为民间组织。再通过签订协议赋予它特殊的权利能力和行为能力,这样的民间性组织不存在法理上的障碍,在理论上没有违背一国两制及各法域司法独立的政策。而仲裁协会就是此类组织的首要选择。因为相比诉讼,仲裁拥有程序简便、意思自治、方式灵活、专家断案、经济便捷、强制执行等特点和优势。当然在世界上,建立一国之内的区际仲裁协会也是没有经验可寻的。因为在其他多法域的国家,不用建立这样的区域性组织,他们都存在共同的终审法院,自然使得国内对来自其他法域的判决、裁决或者其他法律文书没有任何歧视,如英国的上议院,美国的联邦最高法院。但是在我国各法域之间,不但存在完全的司法独立,而且还存在政治制度(资本主义与社会主义的区别)与法律体系的巨大差异(大陆法系与英美法系的区别)。① 这种政治体制与法律体系的巨大差异使得各法域与生俱来地产生对于本法域之外的司法制度(包括仲裁制度)的排斥,更别说对其他法域

---

① 万鄂湘、于喜富:《再论司法与仲裁的关系》,载《法学评论》2004 年第3 期。

相关法律制度加以认同。

2. 在相互承认与执行对方法院的判决上互相抵触

由于社会制度、法律制度以及历史带来的原因，港澳台地区法院几乎不承认内地人民法院的判决；反之，内地法院实际上也很少承认和执行港澳台地区法院的判决，司法协助的范围也仅限于有限的协助送达、调查取证等内容。这种情况使得各法域画地为牢，无意沟通，使得各法域在解决私法冲突的方法上既不能知己知彼，取长补短，也不能渐成共识，同谋协调，如果任由发展，必将给中国各法域间的经济、文化、人员的交流与融合带来不容忽视的巨大障碍。

3. 用诉讼途径解决纠纷存在法律适用上的严重冲突

我们都知道，对于不同法域之间的冲突，如果采用诉讼途径，必然严格依据国际私法来进行法律的选择，对于法院地国来说，一旦依据冲突规范的援引，找到的准据法是外法域法，而法官又对外域法不了解，就必然造成外域法难以适用或错误适用的结果；同样，在外法域法查明阶段，各地区司法人员缺乏合作，不愿提供法律内容，消极对待司法协助等。相反，如果采用仲裁解决纠纷，就可以绕开上述困境，取得空前的合作。根本原因就在于区际仲裁制度本质上定位为民间性质，独立的障碍相对较小，而且，如前所述就仲裁制度本身而言，各法域之间差距也相对较小，缔结两岸三地的共同仲裁法律文件是完全可行的，而且，区际商事仲裁制度不仅理论上成立，实践中也是完全可行的。故笔者建议尽快着手建立区际商事仲裁制度并对此提出了相关的制度设计构想。

（三）替代性非诉解决纠纷机制——各法域自有的现行仲裁机构解决纠纷存在的障碍

1. 仲裁机构模式设置上的差异

内地仲裁机构虽然数量众多且不乏成熟之机构，如中国国际经济贸易仲裁委员会、北京仲裁委员会等。但是，内地的仲裁机构无论是编制、经费还是行政级别上至今难以完全摆脱官方的影响。而且，除中国国际经济贸易仲裁委员会与中国海事仲裁委员会外，其他地方仲裁委员会并无处理涉外商事争议经验①。因此，目前中国内地的仲裁机构无法成为各法域商事仲裁的主体。② 另外，在中国有 209 家仲裁机构，虽说仲裁机构的数量在世界上遥遥领先，但是我国现行仲裁法却只允许机构仲裁，没有临时仲裁和友好仲裁存在的余地。这一事实情况已经带来了我国当事人与外国当事人之间的不对等，也造成国家内部不同法域之间的不对等。内地和香港特区在 2001 年通过《两地承认和执行仲裁裁决的安排》，按照《安排》，内地应当执行香港特区的仲裁裁决，包括临时裁决。而香港特区法院则只承认与执行国务院法制办公室提供的内地仲裁委员会名单中指明的仲裁委员会的仲裁裁决，显然不会承认与执行在内地作出的临时仲裁裁决。③ 而另一方面，中国企业到外法域仲裁机构去仲裁以及进行外法域临时仲裁会遭遇如下困境：一是费用高（在区域仲裁制度下，对外法域的当事人来说巨大的法律服务费用、食宿费用支出，往往使仲裁制度所谓的"经济性"优势被无情吞并）；二是时间长；三是语言关难过；四是外法域仲裁员不懂或不太懂中国内地法律，从而在判定纠纷的是非曲直上有可能出现错误等。上述差异必然带来商事纠纷主体对仲裁机构的犹豫选择。

2. 各法域仲裁机构存在公共秩序滥用的问题

公共秩序（public order），在英美法中称为公共政策（public policy），而在我国大陆则以"社会公共利益"来表述。一般认为，公共秩序包括国家主权、安全，是一国重大的或根本利益所在。公共秩序的萌芽可以追溯至 13 ~ 14 世纪的意大利，国际

---

① 目前我国各法域把区际争议当作国与国之间的涉外案件处理，对维护我国主权统一是不利的。

② 张斌：《仲裁法新论》，厦门大学出版社 2004 年版。

③ 康明：《临时仲裁及其在我国的现状和发展》（下），载《仲裁与法律》2000 年第 4 期。

私法鼻祖巴托鲁斯提出人法中那些"令人厌恶的法则"① 并不具有域外效力。我国大陆 1987 年 1 月 1 日生效的《民法通则》第150 条从法律适用的角度对公共秩序保留予以了规定:"依照本章规定,适用外国法律或者国际惯例的,不得违背中华人民共和国的社会公共利益。"此外,《海商法》第 276 条、《航空法》第190 条、《中华人民共和国民事诉讼法》第 202 条第 2 款和第 204条也都分别在司法协助及外国判决、仲裁裁决的承认与执行问题上规定了公共秩序保留条款。而香港也认为承认和执行该外国法的结果与香港法的公共政策不一致,可以拒绝承认。另外,2001年《最高人民法院关于内地与香港特别行政区相互执行仲裁裁决的安排》也规定,双方法院在相互承认和执行对方仲裁裁决时可援用公共秩序保留制度加以拒绝。同世界上所有国家一样,葡萄牙和澳门国际私法都采用了国际公共秩序原则,并且把国际公共秩序原则上升到国际私法的"一般原则"的高度。所以,现有区际纠纷的当事人即使把争议提交到某一法域的仲裁机构去仲裁,也可能因为公共秩序保留的问题而无法最终圆满解决。

3. 仲裁员质量方面的问题

我国内地仲裁员的数量达到 20000 多人,仲裁员质量参差不齐,② 虽然香港国际仲裁中心的仲裁员均具备一定的外语优势。但是,带有过分浓郁的西方色彩,比如二人仲裁庭制度、仲裁启动程序等做法就与大陆相去甚远。加上两岸三地仲裁机构的仲裁员很少交流,一个法域的仲裁员同时又兼做其他法域仲裁员的情况很有限。这造成当事人想在外法域仲裁机构的仲裁员名册上选择出自己信赖的本法域的仲裁员变得困难。而缺少对仲裁员的信任势必会令当事人放弃仲裁解决纠纷这一途径。所以,有必要建立更公平、更有效的两岸四地共同构建,共同参与的民间性组

---

① 在今天看来,"令人厌恶"的法则即是那些会损害到内国公共秩序的法则。
② 中国内地仲裁机构的仲裁员不乏懂法律、懂专业、懂外语的专家学者或官员,但大部分仲裁员缺乏国际性,也缺乏外语沟通能力。

织——区域仲裁协会，建立起新型区际商事仲裁制度。①

二、建立中国区际仲裁协会的构想

欧盟是在 1993 年通过《马斯特里赫特条约》正式成立的，（它的前身就是 1957 年成立的欧共体）。当然欧盟属于政府间区域性组织，并且是国际性的而非区际性的。我们也可以由各法域的专业人士先行签订一个类似于条约的协定，如《中华人民共和国区际仲裁协定》，再根据协定建立起区际仲裁协会这样一个组织，当然我们的组织应该是民间性的，这一点前面已有论及。笔者试着对未来拟设立的此组织在机构和职责上做以下构想：

（一）在组织机构设置上的构想

未来的区际仲裁协会在组织机构上至少应该设置大会、理事会、秘书处。② 拟仲裁协会总部设在香港，（主要考虑到香港特区的国际性，良好的政府管理和完善的法律制度，香港特区是自由港，就目前而言，香港特区应该是四个法域中仲裁当事人与仲裁员出入境均不会受到限制的地方）。大会，理事会和秘书处的人员构成应由来自两岸四地的具有国际法专长和解决国际争端经验的专家、学者和政府官员组成。这种人员组成，既反映国际贸易法方面的实际需要，也可以平衡与协调各法域政府的立场和利益。至于每个组织机构人数的多少、每个法域配备的人数多少以及可以被选入仲裁协会组织机构人员的条件等（比如身份要求、语言要求、学历要求等），都可以在各法域先行制定的《区际仲裁协定》中规定。并在《协定》章程中规定：1. 仲裁协会成员应独立于其法域行事，只对仲裁协会负责。2. 仲裁员必须来自各法域。学识与品格良好的仲裁员是区际仲裁协会生命力的保

---

① 宋连斌：《国际商事仲裁立法有待加速》，载《人民法院报》2004 年 4 月 7 日。

② 韩成军：《国际商事仲裁规则中庭审程序法律问题研究》，载《河北法学》2012 年第 7 期。

证。除了解决商事纠纷，还包括提供高效率的仲裁服务。3. 除了机构仲裁外，认可临时仲裁和友好仲裁。在国际商事仲裁立法与实践上，仲裁的概念既包括机构仲裁，也包括临时仲裁。临时仲裁有方便快捷、为当事人节省费用的特点。1958 年纽约公约中首先是规定"临时仲裁及机构仲裁作出的裁决"，显然把临时仲裁规定为第一位。不承认临时仲裁制度，可能会将一些本可以在境内仲裁的案件拱手让给了境外的仲裁机构。实际上，除了内地不承认临时仲裁外，中国其他几个法域其实一直都是承认临时仲裁的。而友好仲裁是相对于依法仲裁而言，即仲裁员可以不依据任何国家或国际上的法律，而只是依据公平原则或者学说作出裁决（既可以考虑大陆学者的学说，也可以考虑港澳台学者的学说，以此来消除各法域的法律冲突）。实际上，在国际商事领域总是体现出学说理论上的一致性，即求得"判决的确定性、可预见性及一致性"。所以，依据权威学者学说作出裁决，不仅可以多一种法律渊源，更重要的是，通过一些制度上和法律上的安排，让这些相似的学说通过判例转化为相似的法律，能提高成功解决我国各法域商事法律冲突的可能性。4. 尊重各法域自身的司法体制，依靠各法域自身的司法系统对区际仲裁提供监督与保障。仲裁的顺利发展，在很大程度上有赖于法院的友善和宽容的态度。仲裁与法院建立良好的"伙伴关系"，是仲裁得以顺利发展的前提与保证。5. 加强相关服务的提供。一方面，受理区际商事争议，解决商事纠纷时，区际商事仲裁协会必须保证当事人在仲裁员花名册里能选到自己信任和同法域的高水平仲裁员，并且体现仲裁先天的优势——低廉性。另一方面，区际仲裁协会还能为当事人提供相关的法律咨询服务以及其他生活服务（比如帮助当事人预订机票或宾馆），这一点直接借鉴与香港特区现有仲裁机构的做法，充分体现了"以人为本"的服务理念，而不是高高在上的裁判者。这对案源的保证是有很大作用的。所以，仲裁协会解决区际商事争议，至少应做到：第一，收受和送达当事各方及仲裁庭法律文书；① 第二，受理并登记仲裁案件；第三，在仲裁庭正式成立之前，应当事人请求对仲裁机构的管辖权或仲裁协议的效力作出决定；第四，指导并协助当事人选择仲裁员，组织仲裁庭，并为仲裁庭提供后勤服务；第五，组织仲裁员的学习、培训；第六，回答有关进行区际商事仲裁的询问，并就仲裁条款的适当形式提供咨询意见；第七，编印仲裁机构宣传资料和仲裁员名册②。

（二）此协会在未来其他职责上的构想

1. 区际仲裁协会成立后，应享有一定的立法权

第一，在立法范围方面，应该首先对各法域有关仲裁的立法进行比较考察，制定出统一的《区际仲裁协会仲裁规则》和合作关系文件。这是中国区际商事仲裁协会日后顺利开展工作的法律基础。否则，势必由于当事人、仲裁员对外法域仲裁规则的陌生，而在案件的审理及裁决的承认和执行等各个环节造成困难。当然，中国区际商事仲裁协会的仲裁规则既不能过于保守也不能过于激进，可以参照各法域都认可的《联合国国际贸易法委员会仲裁规则》来制定。虽然《联合国国际贸易法委员会仲裁规则》只是一部示范法，但是由于它最大范围地照顾到了世界上各国各法系的利益，强调"公正"、"经济"与"意思自治"等价值取向，有效地协调和平衡了计划经济与自由市场经济国家、发展中国家和发达国家之间的利益，所以也得到了较大范围国家和地区的认可。我国各法域也纷纷按照该示范法的精神制定或者修改了本法域仲裁法，无一例外地吸收了该示范法的主要基本理念，如管辖权自裁原则，仲裁条款独立原则，仲裁的监督与保障原则，无合意第三名仲裁员的协助指定原则等。这为我们建立区际仲裁协会奠定了良好的理论基础。

---

① 丁颖：《仲裁协议的书面形式要求——网络时代的再思考》，载《河北法学》2011年第3期。

② 詹礼愿：《中国区际商事仲裁制度研究》，中国社会科学出版社2007年版。

第二，在立法形式上，区际仲裁协会应持务实开放的态度，采取更灵活、更弹性、更多的形式来制定相关"法律"。欧盟的做法值得我们参考，以指令、条例、示范法及法律措施的形式来制定，这些形式的"法律"当然只具有建议和参考的性质，这种性质容易使得区际仲裁协会里面来自各法域的人员达成一致意见。进一步的，各法域的立法机关再制定自己的相关法律时，也有可能都参照着这些具有建议性质的法去制定，不也就在各法域制定出了相似或者一致的法律了吗？这种统一方法也是欧盟常用的，因为欧盟各成员国本身负有使自己国内法同欧盟制定的法相一致的义务。

2. 区际仲裁协会应负有统一思想、推进法律融合的职责

中国两岸三地各法域仲裁制度受政治历史因素的影响，在法律意识、法律理念、法律价值和法律概念等方面都存在有相当大的分歧。区际仲裁协会应该如欧盟一样，注意培养各法域自觉积极推进法律融合的思想，从而逐步获得以下几个方面的统一：

（1）统一法律术语。由于历史渊源和习惯，各法域在一些法律术语上出现了不同的称呼，使得当事人混乱而不知所措。例如仲裁员在我国台湾地区称仲裁人，内地称仲裁员，香港特区称"公断人"。为了不给区际法律沟通造成障碍，也为了使区际商事仲裁制度得到顺利推广，区际商事仲裁协会应首先统一相关的法律名词。

（2）统一法律理念。由于语言文字的原因，内地与港澳对对方法律的了解存在障碍，由于对他法域法律不了解，也就不能对其思想、法律原则及其所体现的不同社会政治制度有更多的理解，没有这种理解，就不能消除经济、政治、法律制度等多方面的抵触与对立，不能形成共同的法律心理，这本身也影响统一法律文化的形成。大陆与我国台湾地区虽然不存在语言障碍，但存在人为的封闭，相互间法律交流的阻滞一样带来两岸法律理念的

缺乏。而缺失共同法律理念①，造成各法域无法沟通，在解决区际商事纠纷方面不能同谋协调，渐成共识，带来的结果是一方面将给中国各法域间的私法统一造成不容忽视的巨大障碍；另一方面，由于不能高效迅捷地解决区际商事纠纷，必然进一步影响各法域的经济交流。在这方面，欧盟的作法具有代表性：欧盟认为，法律文化和理念的统一化并不是要创设一套独特的宏伟体系，而是从成员国多元化法律体系的生命力中，从共同的司法传统以及集中化的必要性中，汲取力量，创设法律文化上的权威。正是基于此种理念，形成了欧盟各方永久的精神——以一种高度的敏感和自觉，在共同体内推进法律的融合并且努力创造机会，来加速区域内法律意识和理念的融合。

（3）统一区际是非价值理念。两岸三地四法域长期政治分离对是非价值观的影响是巨大的，尽管受联合国示范法的影响，各法域是非价值理念越来越表现出更多的趋同性，但是，区域仲裁制度在许多方面依然难以逃脱本法域固有价值观的束缚，从而表现出极大的冲突。任何一个法域想要以自己的价值观去取代另一个法域的价值观是不合适的。② 以仲裁的精髓"意思自治"为基础，对有歧义的部分宽容对待，合理包容，并寻找共同点，逐步引导走向一致才是正确的选择。例如对仲裁庭的组织形式，对仲裁协议的形式要求，对是否允许约定裁决上诉问题，对仲裁程序的安排等均应该作出各法域都能接受的较宽松的规范。从而让各法域区际商事争议当事人有更多的选择机会，造就一个比较宽松的仲裁环境。区际仲裁协会可以组织学习者和研究者到其他法域学习法律，深化对其他地区法律观念的理解，逐渐消除相互的反感和陌生，渐至在某些方面趋近和认同。另外，也可以组织举

---

① 共同法律心理是指共同的法律意识、共同的法律概念、共同的法律思维和共同的法律成长背景。
② 曹和平、吴一鸣：《CEPA 模式对于中国区际法律冲突解决途径的借鉴》，载《南京社会科学》2006 年第 11 期。

行各地区法律研究者和法律工作者都有参加的讲学、学术研讨会等。这种交流也能促进各地区相互间对法律的了解和熟悉，加强相互间的信念，打破人为的封闭，使各法域逐步在法律观念和法学思想等方面达成共识。

结　论

1. 现行"一国两制"体制下，诉讼解决各法域间商事争议存在严重的法理障碍。

2. 各法域现行的仲裁机构及其仲裁制度存在模式、程序、职责和裁判质量的巨大差异，影响着各法域当事人在争议解决途径上的选择，也影响着区际商事争议的公正迅速解决。

3. 以欧盟的模式和设立理念建立的区际仲裁协会是克服我国一国两制下区际司法独立障碍，解决区际商事争议的最有效的方式。

关于在河北基层全面规范设立
交通事故调解中心的建议

吕中行*

摘　要　交通事故已成为全社会关注的热点。在各类民事案件中，交通事故类所占比例巨大，仅次于婚姻家庭类案件，并且大有超出之势。交通事故涉及伤残群体，处理不当，极易引发信访、上访，影响社会稳定。如何提高交通事故纠纷的化解率，是各地政府必须面对的课题。设立交通事故调解中心，推动人民调解向专业化发展，充分挖掘调解的作用，发挥这一"东方经验"的优势，是解决这类纠纷的"低碳"选择。

关键词　交通事故　调解中心

交通事故数量急剧增长，已成为全社会关注的话题。处理不当，极易引发信访和上访，甚至造成群体性事件，严重影响社会的稳定。如何快速化解交通事故纠纷，解决事故双方的矛盾，尽快消除和弥补这类纠纷对社会秩序造成的损害，是各级各地政府必须高度重视的问题。

司法部相关部门在 2009 年下半年开始试点，由人民调解委员会调解道路交通事故赔偿纠纷。为了推广这一举措，2010 年 6 月，国家公安部、司法部、各保监局三部门联合发出通知：在国内全面推行人民调解委员会调解道路交通事故民事损害赔偿工作，充分发挥人民调解委员会的积极作用，采取建立道路交通事故人民调解工作室或者专门的道路交通事故人民调解委员会。推

---

* 吕中行，河北经贸大学副教授。

动行业性、专业性人民调解工作开展，创新道路交通事故处理和人民调解工作机制。江苏、山西、河北、辽宁、甘肃、四川等18个省（区、市）迅速落实这一文件精神。经过一年多的实践，全国有1400多个县（市、区）建立了道路交通事故民事损害赔偿人民调解工作机制。

媒体认为河北对此相应落后于江苏和山西。实际上河北2009年就已经开始试点，河北邢台市桥西区道路交通事故人民调解委员会早在2009年10月就已成立。追溯更早，河北从构建河北"首善之区"的现实需要，于2005年就提出构建"三位一体"大调解体系，其基本内涵是引导干部群众把调解作为解决社会矛盾纠纷的主要选择，综合运用各种调解方式，整合资源，形成合力。充分运用调解这一"东方经验"，来化解社会纠纷，维护社会和谐。

但是，河北在维护社会稳定方面的形势较其他省份严峻，还没有充分挖掘人民调解这一平台的优势，全省各地人民调解工作极不规范，名称五花八门，隶属关系混乱，适用法律不明，没有充分发挥出其应有的作用。

一、在河北基层全面设立交通事故调解中心的紧迫性和必要性

（一）河北交通事故数量上升迅猛

河北发生较为重大的道路交通事故1980年是3746起，1988年是10720起，2001年是41051起，到2009年，达79450起。2009年较大道路交通事故总量是1980年的21倍多。

河北仅石家庄市机动车数量已逼近200万辆，并以平均每月2万辆的数量持续增长，有关部门预测，再过10年，到2022年，仅石家庄市汽车拥有量将可能突破500万辆，全省城乡和广大农村地区机动车拥有量也快速增加。交通事故问题越来越突出。据交管部门不完全统计，今年1-6月，河北仅适用简易程序处理的道路交通事故近59万起，同比上升30%多。道路交通

事故已成为河北社会关注的焦点、民生的热点。

（二）河北交警和法院难以应付

事故多发，警力不足，交警部门疲于应付事故处理工作。

道路交通安全法实施以后，公安机关的调解不再是诉讼的必经程序，基层法院受理的交通事故损害赔偿案件大幅飙升，审判人员的承受能力已近极限。

河北法院近三年来，交通事故的立案数量以平均每年30%的速度递增，占民事案件总数的比例每年至少递增3%，在各类民事案件中，交通事故类案件增加速度最快，仅次于婚姻家庭类案件，并且大有超出之势。

例如河北秦皇岛海港区法院自2006年到2008年，交通事故案件的数量以20%至25%的比例逐年递增；武强县法院2006年受理交通事故278件，2007年受理298件，比上年上涨7%；2008年共受理426件，比上年上涨42.9%；2009年受理561件，比上年上涨32%。2009年交通事故立案数比2006年翻了一番。

全国其他地方亦如此。如我国中部的湖北云梦法院，南部的江西省会昌法院，东部的浙江慈溪法院。

（三）现有处理交通事故的其他途径或措施不能适应实际需要

1. 人民调解委员会处理民事纠纷只是杯水车薪。

目前河北人民调解组织不够健全和调解人员知识水平偏低。有些村民委员会和居民委员会还没有设立人民调解委员会，大多数虽有调解组织，调解人员也是"客串"较多。即使有专职调解人员，人数也极为有限，一般人民调解委员会都是3人。调解人员精力投入不足，业务能力欠缺。如正定县韩家楼乡共有人民调解员12人，其中有6人由乡干部兼任，占50%；经过专门学习的只有2人，占16.7%。

从全国来看，2009年共有人民调解员800万多人，中专（高中）以上文化程度的只占55%，随着社会经济的发展，民间纠纷越来越复杂和专业，调解人员文化水平不够，难以应付。

2. 其他社会组织或机构虽能调解一定的社会纠纷，但因其法律依据或地位不清，很难长期发挥作用。

如 2012 年 5 月衡水桃城区法院与中国人保衡水市分公司联合设立了河北首家诉前联合调解中心，专门调解涉及人保财险衡水分公司的交通事故纠纷案件。

2012 年 3 月，唐山市丰南区设立道路交通事故民事损害赔偿联合调解中心。该调解中心设人民调解委员会、交通巡回法庭等机构，与交警大队相互配合形成多元调解工作机制。

秦皇岛海港区法院、怀来县法院、行唐县法院和永清县法院专门在交警大队办公区内设立交通事故调解合议庭，创新做法是导入诉前调解机制，然后将调解协议进行司法确认。据说每天都有经交警调解达成协议的当事人来进行司法确认。司法与行政在地域上实现了"零距离"。法庭"开"进公安局。在河北省秦皇岛市交通事故处理大队的办公楼门口，"秦皇岛市海港区人民法院交通巡回法庭"的牌子非常醒目。

类似以上做法在河北或者全国还有一些，这些解决交通事故纠纷的新路子有可能能解决一些现实矛盾，但从长远来看并不可取。法院是司法机关，中立公正审判是其使命，保险公司是企业是赢利组织，是当事人，二者应该保持距离，根本不能联合成立什么部门，否则就是联合办案，如何面对当事人。法院成立巡回法庭有法律依据，但法院在交警队挂牌，联合办公，这有损政府机关形象，老百姓认为法院公安是一家，行政司法部分，职责混同，觉得分两部门多此一举。实际上，法院与公安互相避讳，法院监督公安，公安处理不公，老百姓可以找法院要公道。海南省也有类似情况，不少老百姓甚至媒体干脆称"海口市公安局交通警察支队交通事故巡回法庭"，简称"交警法庭"。

当然，河北有些组织虽然不够规范，但不至于违法，如2010 年 7 月深州市司法局与有关部门联合成立了交通事故损害赔偿人民调解委员会。石家庄市桥东区法院在调解上创新理念，不定期在桥东区公安分局事故中队设立了流动咨询点，将审判服务向前延伸，充分发挥行政调解与司法调解的良性互动。

（四）交通事故赔偿案件一般争议不大，但却要耗费大量的司法成本，远不如人民调解"低碳"

河北承德市法院系统 2008 年至 2009 年共受理道路交通事故纠纷一审案件 1316 件，其中判决结案有 570 件。在这 570 件案件中，上诉 136 件，上诉率为 23.8%，远远高于其他民事类案件的上诉率。

此类案件当事人申请财产保全的比例较大，石家庄市长安区法院在 2008 至 2010 年共受理诉前保全案件 115 件，其中涉及交通事故 46 件，占诉前财产保全总数的 40%。

此类案件当事人申请伤残鉴定的比例较大，拖延了时间也加大了当事人的成本。河北新乐市法院 2009 年审结了 247 件交通事故赔偿案件，其中有 171 件的当事人申请了司法鉴定，达到 69%。

（五）交通事故纠纷最适合用调解方式结案，人民调解完全能胜任

交通事故赔偿案件一般争议不大，且法律法规明确，赔偿标准具体，受害人基本胜诉。争议焦点主要集中在赔偿数额上。这类案件不需要启动审判程序。河北公安厅每年公布赔偿标准，再加上处理程序高度程式化，整个过程主要是"消气"和"算账"，社会组织完全有能力胜任，也最好有社会这种方法来协调。

1. 从法院对此类案件的结案方式来看，主要是司法调解。

河北大成县法院 2010 年 1 至 5 月，共审结交通事故案件 62 件，其中调解、撤诉 57 件，调撤率高达 92%。正定县法院今年五六月审结 52 件交通事故赔偿案件，调撤结案 32 件，调撤率占 61%，而七月审结结案 33 件交通事故案件，调撤结案 24 件，调解率高达 72%，从态势看，调撤率在不断上升。

2. 从交通事故案件执行率来看，人民调解更有利于及时化解矛盾。

交通事故案件执结率不高是普遍现象。交通事故案件审结

后，近55%的案件被申请法院强制执行。在强制执行的案件中，有近50%因为被执行人经济状况极为困难，法院不得不终结执行。

例如：正定县法院执行局从2008年10月至2009年5月共受理交通事故赔偿执行案件70件，其中全部执行到位7件，占10%；部分执行到位案件16件，占23%；全部未能执行案件47件，占67%。受害人对法院不满，损害司法权威。

全国其他法院也是如此，例如湖北孝感市，近三年审结的1049件交通事故损害案件中，仅有280件得到完全执结，执结率26%；1049件案件应执行标的额为11500万元，实际执行5600万元，执行到位率48%。（而广州市天河区交通事故人民调解室采用一站式的"圆桌和谈"。自去年3月成立至今年8月底，已受理调解纠纷134宗，调解成功率达100%。）

3. 从时间上来看，解决交通事故纠纷最重要的是节省受害人的时间和精力，让受害人尽早摆脱困扰，而法院处理程序繁琐，耗时太长。

据统计，2003年南京市江宁区法院交通事故案件平均审理天数为71天；2004年平均审理天数猛增到93天；2005年该院加强此类案件研究，提高审判效率，案件平均审理天数下降到76天。即便如此，该类案件平均审理天数与近年来该院所有诉讼案件的平均审理天数相比仍高出20—30天。据统计，2004年该院案件平均审理天数为46.33天，2005年为55.14天，2006年1—6月为45.65天，均比交通事故赔偿案件审限短得多。

河北大成县法院2010年1—5月审结的62件案件中，平均结案40天；行唐县法院对交通事故案件全部使用简易程序，快审、快调、快判。从立案到结案，平均审限在30日左右，这样的效率还是相当高的。

如果是由人民调解，用时会更短。据网上记载，上海市徐汇区调解委员会受理的交通事故调解时间平均不到1天，最快的仅20分钟，而且很多案件当场调结后即时给付、当场执行，被誉为"交通事故处置的高速干道"。

（六）交通事故涉及弱势群体，处理不好极易引起上访，不利于基层稳定

交通事故涉及伤残人员及其家庭或家族，当事人处境艰难，且人多面广。

在此列举我国东南西北四地法院受理的交通事故案件当事人情况。

北京顺义区法院 2008 年度审结交通事故案件 883 件，其中被告为二人以上的有 613 件，占 70%。2009 年上半年，审结此类案件 436 件，其中被告为二人以上为 343 件，占结案数量的 80% 以上。最多的一件被告多达 16 人；海南省三亚市两级法院自 2004 年 5 月至 2007 年 5 月，共受理交通事故损害赔偿案件 189 件，其中涉及两个以上责任主体的 111 件，占 58.7%；四川省宜宾兴文县法院 2011 年受理的 135 起道路交通案件中，涉及两个以上责任主体的占案件总数的 75.4%；南京市江宁区法院 2005 年审理的 548 件交通事故案件中，被告总数达到 1219 人，平均个案被告 2.22 人。2006 年 1 至 6 月在 346 件案件中，被告总数又增加到 838 人，平均个案被告达到 2.42 人。从个案来看，被告最多的案件达 10 个。有近 50% 的案件被告数多达 4—5 人。

二、结合实践中存在的问题，重点提出几点在设立交通事故调解中心时容易被忽视的方面

（一）明确交通事故调解组织设立的法律依据和性质

这是基础。《人民调解委员会组织条例》是设立的根本依据，全国有部分省市已经制定了实施细则，河北好像还没有。《人民调解委员会组织条例》也是以后管理、操作的法律依据。交通事故调解组织性质是村民委员会和居民委员会下设的调解交通事故的民间机构，是人民调解委员会的分支、专业或称之为派出组织。

（二）规范名称，统一称"交通事故调解中心"

名正则言顺。在《人民调解委员会组织条例》框架下起名，

既要考虑它的属性以及法律依据，又要简单、好记且亲民。全国对此名称很乱，各省内部也不统一，影响其作用的发挥。河北应该在全省范围规范合法有效统一的名称。最好是如"××街道交通事故调解中心"，理由有：

1. 不要用"调解委员会"字样，人民调解委员会是国家法规规定的专用名词，调解中心不能与其同名，也不能与之并列平行，否则没有法律依据，交通事故调解中心是人民调解委员下设的专业部门，是人民调解委员会走行业化、专业化路子的体现，全称可以是"××镇人民调解委员会交通事故调解中心"。

2. 不要用"道路"二字，因为还有很多非道路交通事故，这类纠纷交警不管法院也不管，老百姓无所适从，更需要民间调解。

3. 不要用"工作室"，太私人化，太文艺化，老百姓不能理解也不太认可，也就不易接受和信赖它。

4. 字数不能太多，简洁好记。如"石家庄市道路交通事故民事损害赔偿人民调解委员会"，23个字，太繁琐，老百姓记不住，"人民调解委员会"7个字不能用，人民调解委员会调解的只能是民事纠纷，涉及刑事行政纠纷无权调解，"民事"二字也是多余，交通事故纠纷不限于损害赔偿，"损害赔偿"也不合适，因而精简为"石家庄市交通事故调解中心"足够了。

5. 不能用"司法调解"，看起来虽然更有权威性，但实际效果不好。也不能用"管理、处理中心"等，官方色彩太浓，不够亲民。要体现意思自由，不能有强制，不能由官方说了算。

6. 不要用"联合调解"，看起来显示多部门重视，但最后哪部门都不管，这是老百姓常有的认识。

以上所指名词在全国都出现过，且数量都不少，在此不一一列举。

（三）要明确设立的责任主体和设立的场所位置

《人民调解委员会组织条例》规定非常明确，所有工作有村民委员会和居民委员会负责，基层乡镇府或街道办事处和基层人民法庭对其进行业务指导。现在全国的很多类似组织五花八门，不伦不类，好像忽视了这个根本问题，导致在实际实施过程中，很多政府职能部门都想插手，甚至越俎代庖，似乎都想解决社会矛盾，有些急躁。这一方面使简单问题复杂化，甚至违法，更重要的是严重影响其作用的发挥。

调解组织应该将办公场所设在街道办、居委会或村委会，或者独立门户，远离政府办公楼。切忌像现在的很多组织那样，设在政府机关里，企图借国家机关的威慑力来提高其调解纠纷的权威性，殊不知，老百姓其实不愿与政府打交道，除非迫不得已。因此，这样做适得其反。

全国类似以上情况很多，以下列举几类：

江苏省是我国法治建设水平较高的省份，法律人才数量在全国排在前列。江苏省是由综治办、省高院、公安厅、司法厅、保监局联合在县市区交警大队和有条件的乡镇（街道）交警中队设立交通事故人民调解工作室。在有条件的地方建立交通事故损害赔偿人民调解委员会。司法行政机关负责业务指导和监督。交通管理部门负责日常管理。南京市栖霞区司法局主动与南京市交管局第七大队于 2009 年成立了栖霞区交通事故纠纷人民调解工作室，办公地点设在交警大队事故中队。区司法局副局长担任主任，交警大队副队长担任副主任。

山西省司法厅、公安厅和保监局联合成立全省道路交通事故纠纷人民调解工作指导组，组长由省公安厅主要领导担任，副组长由省司法厅、公安厅分管领导以及省公安厅交通管理局的负责同志担任。指导组下设办公室，办公室设在省公安厅交通管理局。指导组和办公室负责道路交通事故纠纷人民调解工作的领导和具体组织、协调、指导各市、县（市、区）设立交通事故调委会。

2011 年 2 月，石家庄市司法局和市公安交管局联合裕华交警大队成立了石家庄市道路交通事故民事损害赔偿人民调解委员会。

（四）组织网络要健全

交通事故量大、分散且时间不确定，需要各个基层单位都应该设置常设性调解组织，只在一个县、一个区或一个交警队等部门设立调解组织根本不够也极不方便。组织网络像通讯基站那样，覆盖全省。

河北 80% 人口在农村，农村是大头，不能只考虑城市。如河北高邑县法院 2007 年共审结交通事故赔偿案件 598 件，涉农类案件为 502 件，占 83.9%；2008 年上半年受理 342 件，涉农类案件为 292 件，占 85.3%。

河北定兴县工作比较到位，可以推广，定兴县建立了"三级五层"人民调解委员会的机构设置，即十户一个调解员，五十户一个调解小组，村一级的村民委员会设立人民调解委员会，乡、镇一级设立人民调解委员会，县一级设立人民调解委员会。全县 54 万人口，16 个县镇，274 个行政村，共有人民调解员 9400 余名。就人民调解机构来说，全县有 1 个县调委会、16 个乡镇调委会、274 个村调委会。

（五）加强社会宣传不可忽视，要让调解中心深入人心

石家庄市交通事故民事损害赔偿调解委员会、海口市公安局交通巡逻警察支队交通事故巡回法庭在网上搜索不到地址和电话。类似情况让人感觉成立时领导剪彩，轰轰烈烈，成立后偃旗息鼓，销声匿迹。

要充分利用广播、电视、报纸、网络等新闻媒体，向社会广泛宣传人民调解委员会交通事故调解中心的地址、联系方式、工作机制和工作流程等，使广大群众特别是道路交通事故当事人了解、认可道路交通事故民事损害赔偿人民调解工作，使人民调解工作机制在道路交通事故处理工作中的作用得到更加充分、有效的发挥。

附录

附件 1：

《社会团体登记管理条例》

中华人民共和国国务院令
第 250 号

《社会团体登记管理条例》，已经 1998 年 9 月 25 日国务院第 8 次常务会议通过，现予发布，自发布之日起施行。

总理　朱镕基
1998 年 10 月 25 日

社会团体登记管理条例
第一章　总　则

第一条　为了保障公民的结社自由，维护社会团体的合法权益，加强对社会团体的登记管理，促进社会主义物质文明、精神文明建设，制定本条例。

第二条　本条例所称社会团体，是指中国公民自愿组成，为实现会员共同意愿，按照其章程开展活动的非营利性社会组织。

国家机关以外的组织可以作为单位会员加入社会团体。

第三条　成立社会团体，应当经其业务主管单位审查同意，并依照本条例的规定进行登记。

社会团体应当具备法人条件。

下列团体不属于本条例规定登记的范围：

（一）参加中国人民政治协商会议的人民团体；

（二）由国务院机构编制管理机关核定，并经国务院批准免于登记的团体；

（三）机关、团体、企业事业单位内部经本单位批准成立、在本单位内部活动的团体。

第四条 社会团体必须遵守宪法、法律、法规和国家政策，不得反对宪法确定的基本原则，不得危害国家的统一、安全和民族的团结，不得损害国家利益、社会公共利益以及其他组织和公民的合法权益，不得违背社会道德风尚。

社会团体不得从事营利性经营活动。

第五条 国家保护社会团体依照法律、法规及其章程开展活动，任何组织和个人不得非法干涉。

第六条 国务院民政部门和县级以上地方各级人民政府民政部门是本级人民政府的社会团体登记管理机关（以下简称登记管理机关）。

国务院有关部门和县级以上地方各级人民政府有关部门、国务院或者县级以上地方各级人民政府授权的组织，是有关行业、学科或者业务范围内社会团体的业务主管单位（以下简称业务主管单位）。

法律、行政法规对社会团体的监督管理另有规定的，依照有关法律、行政法规的规定执行。

第二章 管 辖

第七条 全国性的社会团体，由国务院的登记管理机关负责登记管理；地方性的社会团体，由所在地人民政府的登记管理机关负责登记管理；跨行政区域的社会团体，由所跨行政区域的共同上一级人民政府的登记管理机关负责登记管理。

第八条 登记管理机关、业务主管单位与其管辖的社会团体的住所不在一地的，可以委托社会团体住所地的登记管理机关、业务主管单位负责委托范围内的监督管理工作。

第三章 成立登记

第九条 申请成立社会团体，应当经其业务主管单位审查同意，由发起人向登记管理机关申请筹备。

第十条 成立社会团体，应当具备下列条件：

（一）有 50 个以上的个人会员或者 30 个以上的单位会员；

个人会员、单位会员混合组成的，会员总数不得少于 50 个；

（二）有规范的名称和相应的组织机构；

（三）有固定的住所；

（四）有与其业务活动相适应的专职工作人员；

（五）有合法的资产和经费来源，全国性的社会团体有 10 万元以上活动资金，地方性的社会团体和跨行政区域的社会团体有 3 万元以上活动资金；

（六）有独立承担民事责任的能力。

社会团体的名称应当符合法律、法规的规定，不得违背社会道德风尚。社会团体的名称应当与其业务范围、成员分布、活动地域相一致，准确反映其特征。全国性的社会团体的名称冠以"中国"、"全国"、"中华"等字样的，应当按照国家有关规定经过批准，地方性的社会团体的名称不得冠以"中国"、"全国"、"中华"等字样。

第十一条 申请筹备成立社会团体，发起人应当向登记管理机关提交下列文件：

（一）筹备申请书；

（二）业务主管单位的批准文件；

（三）验资报告、场所使用权证明；

（四）发起人和拟任负责人的基本情况、身份证明；

（五）章程草案。

第十二条 登记管理机关应当自收到本条例第十一条所列全部有效文件之日起 60 日内，作出批准或者不批准筹备的决定；不批准的，应当向发起人说明理由。

第十三条 有下列情形之一的，登记管理机关不予批准筹备：

（一）有根据证明申请筹备的社会团体的宗旨、业务范围不符合本条例第四条的规定的；

（二）在同一行政区域内已有业务范围相同或者相似的社会团体，没有必要成立的；

（三）发起人、拟任负责人正在或者曾经受到剥夺政治权利的刑事处罚，或者不具有完全民事行为能力的；

（四）在申请筹备时弄虚作假的；

（五）有法律、行政法规禁止的其他情形的。

第十四条　筹备成立的社会团体，应当自登记管理机关批准筹备之日起6个月内召开会员大会或者会员代表大会，通过章程，产生执行机构、负责人和法定代表人，并向登记管理机关申请成立登记。筹备期间不得开展筹备以外的活动。

社会团体的法定代表人，不得同时担任其他社会团体的法定代表人。

第十五条　社会团体的章程应当包括下列事项：

（一）名称、住所；

（二）宗旨、业务范围和活动地域；

（三）会员资格及其权利、义务；

（四）民主的组织管理制度，执行机构的产生程序；

（五）负责人的条件和产生、罢免的程序；

（六）资产管理和使用的原则；

（七）章程的修改程序；

（八）终止程序和终止后资产的处理；

（九）应当由章程规定的其他事项。

第十六条　登记管理机关应当自收到完成筹备工作的社会团体的登记申请书及有关文件之日起30日内完成审查工作。对没有本条例第十三条所列情形，且筹备工作符合要求、章程内容完备的社会团体，准予登记，发给《社会团体法人登记证书》。登记事项包括：

（一）名称；

（二）住所；

（三）宗旨、业务范围和活动地域；

（四）法定代表人；

（五）活动资金；

（六）业务主管单位。

对不予登记的，应当将不予登记的决定通知申请人。

第十七条 依照法律规定，自批准成立之日起即具有法人资格的社会团体，应当自批准成立之日起 60 日内向登记管理机关备案。登记管理机关自收到备案文件之日起 30 日内发给《社会团体法人登记证书》。

社会团体备案事项，除本条例第十六条所列事项外，还应当包括业务主管单位依法出具的批准文件。

第十八条 社会团体凭《社会团体法人登记证书》申请刻制印章，开立银行账户。社会团体应当将印章式样和银行账号报登记管理机关备案。

第十九条 社会团体成立后拟设立分支机构、代表机构的，应当经业务主管单位审查同意，向登记管理机关提交有关分支机构、代表机构的名称、业务范围、场所和主要负责人等情况的文件，申请登记。

社会团体的分支机构、代表机构是社会团体的组成部分，不具有法人资格，应当按照其所属于的社会团体的章程所规定的宗旨和业务范围，在该社会团体授权的范围内开展活动、发展会员。社会团体的分支机构不得再设立分支机构。

社会团体不得设立地域性的分支机构。

第四章 变更登记、注销登记

第二十条 社会团体的登记事项、备案事项需要变更的，应当自业务主管单位审查同意之日起 30 日内，向登记管理机关申请变更登记、变更备案（以下统称变更登记）。

社会团体修改章程，应当自业务主管单位审查同意之日起 30 日内，报登记管理机关核准。

第二十一条 社会团体有下列情形之一的，应当在业务主管单位审查同意后，向登记管理机关申请注销登记、注销备案（以下统称注销登记）：

（一）完成社会团体章程规定的宗旨的；

（二）自行解散的；

（三）分立、合并的；

（四）由于其他原因终止的。

第二十二条 社会团体在办理注销登记前，应当在业务主管单位及其他有关机关的指导下，成立清算组织，完成清算工作。清算期间，社会团体不得开展清算以外的活动。

第二十三条 社会团体应当自清算结束之日起 15 日内向登记管理机关办理注销登记。办理注销登记，应当提交法定代表人签署的注销登记申请书、业务主管单位的审查文件和清算报告书。

登记管理机关准予注销登记的，发给注销证明文件，收缴该社会团体的登记证书、印章和财务凭证。

第二十四条 社会团体撤销其所属分支机构、代表机构的，经业务主管单位审查同意后，办理注销手续。

社会团体注销的，其所属分支机构、代表机构同时注销。

第二十五条 社会团体处分注销后的剩余财产，按照国家有关规定办理。

第二十六条 社会团体成立、注销或者变更名称、住所、法定代表人，由登记管理机关予以公告。

第五章　监督管理

第二十七条 登记管理机关履行下列监督管理职责：

（一）负责社会团体的成立、变更、注销的登记或者备案；

（二）对社会团体实施年度检查；

（三）对社会团体违反本条例的问题进行监督检查，对社会团体违反本条例的行为给予行政处罚。

第二十八条 业务主管单位履行下列监督管理职责：

（一）负责社会团体筹备申请、成立登记、变更登记、注销登记前的审查；

（二）监督、指导社会团体遵守宪法、法律、法规和国家政策，依据其章程开展活动；

（三）负责社会团体年度检查的初审；

（四）协助登记管理机关和其他有关部门查处社会团体的违法行为；

（五）会同有关机关指导社会团体的清算事宜。

业务主管单位履行前款规定的职责，不得向社会团体收取费用。

第二十九条 社会团体的资产来源必须合法，任何单位和个人不得侵占、私分或者挪用社会团体的资产。

社会团体的经费，以及开展章程规定的活动按照国家有关规定所取得的合法收入，必须用于章程规定的业务活动，不得在会员中分配。

社会团体接受捐赠、资助，必须符合章程规定的宗旨和业务范围，必须根据与捐赠人、资助人约定的期限、方式和合法用途使用。社会团体应当向业务主管单位报告接受、使用捐赠、资助的有关情况，并应当将有关情况以适当方式向社会公布。

社会团体专职工作人员的工资和保险福利待遇，参照国家对事业单位的有关规定执行。

第三十条 社会团体必须执行国家规定的财务管理制度，接受财政部门的监督；资产来源属于国家拨款或者社会捐赠、资助的，还应当接受审计机关的监督。

社会团体在换届或者更换法定代表人之前，登记管理机关、业务主管单位应当组织对其进行财务审计。

第三十一条 社会团体应当于每年3月31日前向业务主管单位报送上一年度的工作报告，经业务主管单位初审同意后，于5月31日前报送登记管理机关，接受年度检查。工作报告的内容包括：本社会团体遵守法律法规和国家政策的情况、依照本条例履行登记手续的情况、按照章程开展活动的情况、人员和机构变动的情况以及财务管理的情况。

对于依照本条例第十七条的规定发给《社会团体法人登记证书》的社会团体，登记管理机关对其应当简化年度检查的内容。

第六章　罚　则

第三十二条　社会团体在申请登记时弄虚作假，骗取登记的，或者自取得《社会团体法人登记证书》之日起 1 年未开展活动的，由登记管理机关予以撤销登记。

第三十三条　社会团体有下列情形之一的，由登记管理机关给予警告，责令改正，可以限期停止活动，并可以责令撤换直接负责的主管人员；情节严重的，予以撤销登记；构成犯罪的，依法追究刑事责任：

（一）涂改、出租、出借《社会团体法人登记证书》，或者出租、出借社会团体印章的；

（二）超出章程规定的宗旨和业务范围进行活动的；

（三）拒不接受或者不按照规定接受监督检查的；

（四）不按照规定办理变更登记的；

（五）擅自设立分支机构、代表机构，或者对分支机构、代表机构疏于管理，造成严重后果的；

（六）从事营利性的经营活动的；

（七）侵占、私分、挪用社会团体资产或者所接受的捐赠、资助的；

（八）违反国家有关规定收取费用、筹集资金或者接受、使用捐赠、资助的。

前款规定的行为有违法经营额或者违法所得的，予以没收，可以并处违法经营额 1 倍以上 3 倍以下或者违法所得 3 倍以上 5 倍以下的罚款。

第三十四条　社会团体的活动违反其他法律、法规的，由有关国家机关依法处理；有关国家机关认为应当撤销登记的，由登记管理机关撤销登记。

第三十五条　未经批准，擅自开展社会团体筹备活动，或者未经登记，擅自以社会团体名义进行活动，以及被撤销登记的社会团体继续以社会团体名义进行活动的，由登记管理机关予以取缔，没收非法财产；构成犯罪的，依法追究刑事责任；尚不构成犯罪的，依法给予治安管理处罚。

第三十六条 社会团体被责令限期停止活动的，由登记管理机关封存《社会团体法人登记证书》、印章和财务凭证。

社会团体被撤销登记的，由登记管理机关收缴《社会团体法人登记证书》和印章。

第三十七条 登记管理机关、业务主管单位的工作人员滥用职权、徇私舞弊、玩忽职守构成犯罪的，依法追究刑事责任；尚不构成犯罪的，依法给予行政处分。

第七章　附　则

第三十八条 《社会团体法人登记证书》的式样由国务院民政部门制定。

对社会团体进行年度检查不得收取费用。

第三十九条 本条例施行前已经成立的社会团体，应当自本条例施行之日起 1 年内依照本条例有关规定申请重新登记。

第四十条 本条例自发布之日起施行。1989 年 10 月 25 日国务院发布的《社会团体登记管理条例》同时废止。

附件2：

《民办非企业单位登记管理暂行条例》

中华人民共和国国务院令
第 251 号

《民办非企业单位登记管理暂行条例》已经 1998 年 9 月 25 日国务院第 8 次常务会议通过，现予发布，自发布之日起施行。

总理　朱镕基

1998 年 10 月 25 日

民办非企业单位登记管理暂行条例

第一章　总　则

第一条　为了规范民办非企业单位的登记管理，保障民办非企业单位的合法权益，促进社会主义物质文明、精神文明建设，制定本条例。

第二条　本条例所称民办非企业单位，是指企业事业单位、社会团体和其他社会力量以及公民个人利用非国有资产举办的，从事非营利性社会服务活动的社会组织。

第三条　成立民办非企业单位，应当经其业务主管单位审查同意，并依照本条例的规定登记。

第四条　民办非企业单位应当遵守宪法、法律、法规和国家政策，不得反对宪法确定的基本原则，不得危害国家的统一、安全和民族的团结，不得损害国家利益、社会公共利益以及其他社会组织和公民的合法权益，不得违背社会道德风尚。民办非企业单位不得从事营利性经营活动。

第五条　国务院民政部门和县级以上地方各级人民政府民政

部门是本级人民政府的民办非企业单位登记管理机关（以下简称登记管理机关）。

国务院有关部门和县级以上地方各级人民政府的有关部门、国务院或者县级以上地方各级人民政府授权的组织，是有关行业、业务范围内民办非企业单位的业务主管单位（以下简称业务主管单位）。

法律、行政法规对民办非企业单位的监督管理另有规定的，依照有关法律、行政法规的规定执行。

第二章　管　辖

第六条　登记管理机关负责同级业务主管单位审查同意的民办非企业单位的登记管理。

第七条　登记管理机关、业务主管单位与其管辖的民办非企业单位的住所不在一地的，可以委托民办非企业单位住所地的登记管理机关、业务主管单位负责委托范围内的监督管理工作。

第三章　登　记

第八条　申请登记民办非企业单位，应当具备下列条件：

（一）经业务主管单位审查同意；

（二）有规范的名称、必要的组织机构；

（三）有与其业务活动相适应的从业人员；

（四）有与其业务活动相适应的合法财产；

（五）有必要的场所。民办非企业单位的名称应当符合国务院民政部门的规定，不得冠以"中国"、"全国"、"中华"等字样。

第九条　申请民办非企业单位登记，举办者应当向登记管理机关提交下列文件：

（一）登记申请书；

（二）业务主管单位的批准文件；

（三）场所使用权证明；

（四）验资报告；

（五）拟任负责人的基本情况、身份证明；

（六）章程草案。

第十条 民办非企业单位的章程应当包括下列事项：

（一）名称、住所；

（二）宗旨和业务范围；

（三）组织管理制度；

（四）法定代表人或者负责人的产生、罢免的程序；

（五）资产管理和使用的原则；

（六）章程的修改程序；

（七）终止程序和终止后资产的处理；

（八）需要由章程规定的其他事项。

第十一条 登记管理机关应当自收到成立登记申请的全部有效文件之日起 60 日内作出准予登记或者不予登记的决定。

有下列情形之一的，登记管理机关不予登记，并向申请人说明理由：

（一）有根据证明申请登记的民办非企业单位的宗旨、业务范围不符合本条例第四条规定的；

（二）在申请成立时弄虚作假的；

（三）在同一行政区域内已有业务范围相同或者相似的民办非企业单位，没有必要成立的；

（四）拟任负责人正在或者曾经受到剥夺政治权利的刑事处罚，或者不具有完全民事行为能力的；

（五）有法律、行政法规禁止的其他情形的。

第十二条 准予登记的民办非企业单位，由登记管理机关登记民办非企业单位的名称、住所、宗旨和业务范围、法定代表人或者负责人、开办资金、业务主管单位，并根据其依法承担民事责任的不同方式，分别发给《民办非企业单位（法人）登记证书》、《民办非企业单位（合伙）登记证书》、《民办非企业单位（个体）登记证书》。

依照法律、其他行政法规规定，经有关主管部门依法审核或者登记，已经取得相应的执业许可证书的民办非企业单位，登记管理机关应当简化登记手续，凭有关主管部门出具的执业许可证明文件，发给相应的民办非企业单位登记证书。

第十三条 民办非企业单位不得设立分支机构。

第十四条 民办非企业单位凭登记证书申请刻制印章，开立银行帐户。民办非企业单位应当将印章式样、银行帐号报登记管理机关备案。

第十五条 民办非企业单位的登记事项需要变更的，应当自业务主管单位审查同意之日起 30 日内，向登记管理机关申请变更登记。民办非企业单位修改章程，应当自业务主管单位审查同意之日起 30 日内，报登记管理机关核准。

第十六条 民办非企业单位自行解散的，分立、合并的，或者由于其他原因需要注销登记的，应当向登记管理机关办理注销登记。

民办非企业单位在办理注销登记前，应当在业务主管单位和其他有关机关的指导下，成立清算组织，完成清算工作。清算期间，民办非企业单位不得开展清算以外的活动。

第十七条 民办非企业单位法定代表人或者负责人应当自完成清算之日起 15 日内，向登记管理机关办理注销登记。办理注销登记，须提交注销登记申请书、业务主管单位的审查文件和清算报告。

登记管理机关准予注销登记的，发给注销证明文件，收缴登记证书、印章和财务凭证。

第十八条 民办非企业单位成立、注销以及变更名称、住所、法定代表人或者负责人，由登记管理机关予以公告。

第四章 监督管理

第十九条 登记管理机关履行下列监督管理职责：

（一）负责民办非企业单位的成立、变更、注销登记；

（二）对民办非企业单位实施年度检查；

（三）对民办非企业单位违反本条例的问题进行监督检查，对民办非企业单位违反本条例的行为给予行政处罚。

第二十条 业务主管单位履行下列监督管理职责：

（一）负责民办非企业单位成立、变更、注销登记前的审查；

（二）监督、指导民办非企业单位遵守宪法、法律、法规和国家政策，按照章程开展活动；

（三）负责民办非企业单位年度检查的初审；

（四）协助登记管理机关和其他有关部门查处民办非企业单位的违法行为；

（五）会同有关机关指导民办非企业单位的清算事宜。业务主管单位履行前款规定的职责，不得向民办非企业单位收取费用。

第二十一条 民办非企业单位的资产来源必须合法，任何单位和个人不得侵占、私分或者挪用民办非企业单位的资产。

民办非企业单位开展章程规定的活动，按照国家有关规定取得的合法收入，必须用于章程规定的业务活动。

民办非企业单位接受捐赠、资助，必须符合章程规定的宗旨和业务范围，必须根据与捐赠人、资助人约定的期限、方式和合法用途使用。民办非企业单位应当向业务主管单位报告接受、使用捐赠、资助的有关情况，并应当将有关情况以适当方式向社会公布。

第二十二条 民办非企业单位必须执行国家规定的财务管理制度，接受财政部门的监督；资产来源属于国家资助或者社会捐赠、资助的，还应当接受审计机关的监督。

民办非企业单位变更法定代表人或者负责人，登记管理机关、业务主管单位应当组织对其进行财务审计。

第二十三条 民办非企业单位应当于每年 3 月 31 日前向业务主管单位报送上一年度的工作报告，经业务主管单位初审同意后，于 5 月 31 日前报送登记管理机关，接受年度检查。工作报告内容包括：本民办非企业单位遵守法律法规和国家政策的情况、依照本条例履行登记手续的情况、按照章程开展活动的情况、人员和机构变动的情况以及财务管理的情况。

对于依照本条例第十二条第二款的规定发给登记证书的民办非企业单位，登记管理机关对其应当简化年度检查的内容。

第五章 罚 则

第二十四条 民办非企业单位在申请登记时弄虚作假，骗取登记的，或者业务主管单位撤销批准的，由登记管理机关予以撤销登记。

第二十五条 民办非企业单位有下列情形之一的，由登记管理机关予以警告，责令改正，可以限期停止活动；情节严重的，予以撤销登记；构成犯罪的，依法追究刑事责任：

（一）涂改、出租、出借民办非企业单位登记证书，或者出租、出借民办非企业单位印章的；

（二）超出其章程规定的宗旨和业务范围进行活动的；

（三）拒不接受或者不按照规定接受监督检查的；

（四）不按照规定办理变更登记的；

（五）设立分支机构的；

（六）从事营利性的经营活动的；

（七）侵占、私分、挪用民办非企业单位的资产或者所接受的捐赠、资助的；

（八）违反国家有关规定收取费用、筹集资金或者接受使用捐赠、资助的。

前款规定的行为有违法经营额或者违法所得的，予以没收，可以并处违法经营额 1 倍以上 3 倍以下或者违法所得 3 倍以上 5 倍以下的罚款。

第二十六条 民办非企业单位的活动违反其他法律、法规的，由有关国家机关依法处理；有关国家机关认为应当撤销登记的，由登记管理机关撤销登记。

第二十七条 未经登记，擅自以民办非企业单位名义进行活动的，或者被撤销登记的民办非企业单位继续以民办非企业单位名义进行活动的，由登记管理机关予以取缔，没收非法财产；构成犯罪的，依法追究刑事责任；尚不构成犯罪的，依法给予治安管理处罚。

第二十八条 民办非企业单位被限期停止活动的，由登记管理机关封存其登记证书、印章和财务凭证。

民办非企业单位被撤销登记的，由登记管理机关收缴登记证书和印章。

第二十九条 登记管理机关、业务主管单位的工作人员滥用职权、徇私舞弊、玩忽职守构成犯罪的，依法追究刑事责任；尚不构成犯罪的，依法给予行政处分。

第六章 附 则

第三十条 民办非企业单位登记证书的式样由国务院民政部门制定。

对民办非企业单位进行年度检查不得收取费用。

第三十一条 本条例施行前已经成立的民办非企业单位，应当自本条例实施之日起1年内依照本条例有关规定申请登记。

第三十二条 本条例自发布之日起施行。

附件 3：

《基金会管理条例》

中华人民共和国国务院令
第 400 号

《基金会管理条例》已经 2004 年 2 月 11 日国务院第 39 次常务会议通过，现予公布，自 2004 年 6 月 1 日起施行。

总理　温家宝

二〇〇四年三月八日

基金会管理条例

第一章　总　则

第一条　为了规范基金会的组织和活动，维护基金会、捐赠人和受益人的合法权益，促进社会力量参与公益事业，制定本条例。

第二条　本条例所称基金会，是指利用自然人、法人或者其他组织捐赠的财产，以从事公益事业为目的，按照本条例的规定成立的非营利性法人。

第三条　基金会分为面向公众募捐的基金会（以下简称公募基金会）和不得面向公众募捐的基金会（以下简称非公募基金会）。公募基金会按照募捐的地域范围，分为全国性公募基金会和地方性公募基金会。

第四条　基金会必须遵守宪法、法律、法规、规章和国家政策，不得危害国家安全、统一和民族团结，不得违背社会公德。

第五条　基金会依照章程从事公益活动，应当遵循公开、透明的原则。

第六条　国务院民政部门和省、自治区、直辖市人民政府民政部门是基金会的登记管理机关。

国务院民政部门负责下列基金会、基金会代表机构的登记管理工作：

（一）全国性公募基金会；

（二）拟由非内地居民担任法定代表人的基金会；

（三）原始基金超过2000万元，发起人向国务院民政部门提出设立申请的非公募基金会；

（四）境外基金会在中国内地设立的代表机构。

省、自治区、直辖市人民政府民政部门负责本行政区域内地方性公募基金会和不属于前款规定情况的非公募基金会的登记管理工作。

第七条　国务院有关部门或者国务院授权的组织，是国务院民政部门登记的基金会、境外基金会代表机构的业务主管单位。

省、自治区、直辖市人民政府有关部门或者省、自治区、直辖市人民政府授权的组织，是省、自治区、直辖市人民政府民政部门登记的基金会的业务主管单位。

第二章　设立、变更和注销

第八条　设立基金会，应当具备下列条件：

（一）为特定的公益目的而设立；

（二）全国性公募基金会的原始基金不低于800万元人民币，地方性公募基金会的原始基金不低于400万元人民币，非公募基金会的原始基金不低于200万元人民币；原始基金必须为到账货币资金；

（三）有规范的名称、章程、组织机构以及与其开展活动相适应的专职工作人员；

（四）有固定的住所；

（五）能够独立承担民事责任。

第九条　申请设立基金会，申请人应当向登记管理机关提交下列文件：

（一）申请书；

（二）章程草案；

（三）验资证明和住所证明；

（四）理事名单、身份证明以及拟任理事长、副理事长、秘书长简历；

（五）业务主管单位同意设立的文件。

第十条 基金会章程必须明确基金会的公益性质，不得规定使特定自然人、法人或者其他组织受益的内容。

基金会章程应当载明下列事项：

（一）名称及住所；

（二）设立宗旨和公益活动的业务范围；

（三）原始基金数额；

（四）理事会的组成、职权和议事规则，理事的资格、产生程序和任期；

（五）法定代表人的职责；

（六）监事的职责、资格、产生程序和任期；

（七）财务会计报告的编制、审定制度；

（八）财产的管理、使用制度；

（九）基金会的终止条件、程序和终止后财产的处理。

第十一条 登记管理机关应当自收到本条例第九条所列全部有效文件之日起 60 日内，作出准予或者不予登记的决定。准予登记的，发给《基金会法人登记证书》；不予登记的，应当书面说明理由。

基金会设立登记的事项包括：名称、住所、类型、宗旨、公益活动的业务范围、原始基金数额和法定代表人。

第十二条 基金会拟设立分支机构、代表机构的，应当向原登记管理机关提出登记申请，并提交拟设机构的名称、住所和负责人等情况的文件。

登记管理机关应当自收到前款所列全部有效文件之日起 60 日内作出准予或者不予登记的决定。准予登记的，发给《基金

会分支（代表）机构登记证书》；不予登记的，应当书面说明
理由。

基金会分支机构、基金会代表机构设立登记的事项包括：名
称、住所、公益活动的业务范围和负责人。

基金会分支机构、基金会代表机构依据基金会的授权开展活
动，不具有法人资格。

第十三条　境外基金会在中国内地设立代表机构，应当经有
关业务主管单位同意后，向登记管理机关提交下列文件：

（一）申请书；

（二）基金会在境外依法登记成立的证明和基金会章程；

（三）拟设代表机构负责人身份证明及简历；

（四）住所证明；

（五）业务主管单位同意在中国内地设立代表机构的文件。

登记管理机关应当自收到前款所列全部有效文件之日起60
日内，作出准予或者不予登记的决定。准予登记的，发给《境
外基金会代表机构登记证书》；不予登记的，应当书面说明
理由。

境外基金会代表机构设立登记的事项包括：名称、住所、公
益活动的业务范围和负责人。

境外基金会代表机构应当从事符合中国公益事业性质的公益
活动。境外基金会对其在中国内地代表机构的民事行为，依照中
国法律承担民事责任。

第十四条　基金会、境外基金会代表机构依照本条例登记
后，应当依法办理税务登记。

基金会、境外基金会代表机构，凭登记证书依法申请组织机
构代码、刻制印章、开立银行账户。

基金会、境外基金会代表机构应当将组织机构代码、印章式
样、银行账号以及税务登记证件复印件报登记管理机关备案。

第十五条　基金会、基金会分支机构、基金会代表机构和境
外基金会代表机构的登记事项需要变更的，应当向登记管理机关

申请变更登记。

基金会修改章程，应当征得其业务主管单位的同意，并报登记管理机关核准。

第十六条 基金会、境外基金会代表机构有下列情形之一的，应当向登记管理机关申请注销登记：

（一）按照章程规定终止的；

（二）无法按照章程规定的宗旨继续从事公益活动的；

（三）由于其他原因终止的。

第十七条 基金会撤销其分支机构、代表机构的，应当向登记管理机关办理分支机构、代表机构的注销登记。

基金会注销的，其分支机构、代表机构同时注销。

第十八条 基金会在办理注销登记前，应当在登记管理机关、业务主管单位的指导下成立清算组织，完成清算工作。

基金会应当自清算结束之日起 15 日内向登记管理机关办理注销登记；在清算期间不得开展清算以外的活动。

第十九条 基金会、基金会分支机构、基金会代表机构以及境外基金会代表机构的设立、变更、注销登记，由登记管理机关向社会公告。

第三章 组织机构

第二十条 基金会设理事会，理事为 5 人至 25 人，理事任期由章程规定，但每届任期不得超过 5 年。理事任期届满，连选可以连任。

用私人财产设立的非公募基金会，相互间有近亲属关系的基金会理事，总数不得超过理事总人数的三分之一；其他基金会，具有近亲属关系的不得同时在理事会任职。

在基金会领取报酬的理事不得超过理事总人数的三分之一。

理事会设理事长、副理事长和秘书长，从理事中选举产生，理事长是基金会的法定代表人。

第二十一条 理事会是基金会的决策机构，依法行使章程规定的职权。

理事会每年至少召开 2 次会议。理事会会议须有三分之二以上理事出席方能召开；理事会决议须经出席理事过半数通过方为有效。

下列重要事项的决议，须经出席理事表决，三分之二以上通过方为有效：

（一）章程的修改；

（二）选举或者罢免理事长、副理事长、秘书长；

（三）章程规定的重大募捐、投资活动；

（四）基金会的分立、合并。

理事会会议应当制作会议记录，并由出席理事审阅、签名。

第二十二条 基金会设监事。监事任期与理事任期相同。理事、理事的近亲属和基金会财会人员不得兼任监事。

监事依照章程规定的程序检查基金会财务和会计资料，监督理事会遵守法律和章程的情况。

监事列席理事会会议，有权向理事会提出质询和建议，并应当向登记管理机关、业务主管单位以及税务、会计主管部门反映情况。

第二十三条 基金会理事长、副理事长和秘书长不得由现职国家工作人员兼任。基金会的法定代表人，不得同时担任其他组织的法定代表人。公募基金会和原始基金来自中国内地的非公募基金会的法定代表人，应当由内地居民担任。

因犯罪被判处管制、拘役或者有期徒刑，刑期执行完毕之日起未逾 5 年的，因犯罪被判处剥夺政治权利正在执行期间或者曾经被判处剥夺政治权利的，以及曾在因违法被撤销登记的基金会担任理事长、副理事长或者秘书长，且对该基金会的违法行为负有个人责任，自该基金会被撤销之日起未逾 5 年的，不得担任基金会的理事长、副理事长或者秘书长。

基金会理事遇有个人利益与基金会利益关联时，不得参与相关事宜的决策；基金会理事、监事及其近亲属不得与其所在的基金会有任何交易行为。

监事和未在基金会担任专职工作的理事不得从基金会获取报酬。

第二十四条 担任基金会理事长、副理事长或者秘书长的香港特区居民、澳门居民、台湾居民、外国人以及境外基金会代表机构的负责人，每年在中国内地居留时间不得少于 3 个月。

第四章 财产的管理和使用

第二十五条 基金会组织募捐、接受捐赠，应当符合章程规定的宗旨和公益活动的业务范围。境外基金会代表机构不得在中国境内组织募捐、接受捐赠。

公募基金会组织募捐，应当向社会公布募得资金后拟开展的公益活动和资金的详细使用计划。

第二十六条 基金会及其捐赠人、受益人依照法律、行政法规的规定享受税收优惠。

第二十七条 基金会的财产及其他收入受法律保护，任何单位和个人不得私分、侵占、挪用。

基金会应当根据章程规定的宗旨和公益活动的业务范围使用其财产；捐赠协议明确了具体使用方式的捐赠，根据捐赠协议的约定使用。

接受捐赠的物资无法用于符合其宗旨的用途时，基金会可以依法拍卖或者变卖，所得收入用于捐赠目的。

第二十八条 基金会应当按照合法、安全、有效的原则实现基金的保值、增值。

第二十九条 公募基金会每年用于从事章程规定的公益事业支出，不得低于上一年总收入的 70%；非公募基金会每年用于从事章程规定的公益事业支出，不得低于上一年基金余额的 8%。

基金会工作人员工资福利和行政办公支出不得超过当年总支出的 10%。

第三十条 基金会开展公益资助项目，应当向社会公布所开展的公益资助项目种类以及申请、评审程序。

第三十一条 基金会可以与受助人签订协议，约定资助方式、资助数额以及资金用途和使用方式。

基金会有权对资助的使用情况进行监督。受助人未按协议约定使用资助或者有其他违反协议情形的，基金会有权解除资助协议。

第三十二条 基金会应当执行国家统一的会计制度，依法进行会计核算、建立健全内部会计监督制度。

第三十三条 基金会注销后的剩余财产应当按照章程的规定用于公益目的；无法按照章程规定处理的，由登记管理机关组织捐赠给与该基金会性质、宗旨相同的社会公益组织，并向社会公告。

第五章　监督管理

第三十四条 基金会登记管理机关履行下列监督管理职责：

（一）对基金会、境外基金会代表机构实施年度检查；

（二）对基金会、境外基金会代表机构依照本条例及其章程开展活动的情况进行日常监督管理；

（三）对基金会、境外基金会代表机构违反本条例的行为依法进行处罚。

第三十五条 基金会业务主管单位履行下列监督管理职责：

（一）指导、监督基金会、境外基金会代表机构依据法律和章程开展公益活动；

（二）负责基金会、境外基金会代表机构年度检查的初审；

（三）配合登记管理机关、其他执法部门查处基金会、境外基金会代表机构的违法行为。

第三十六条 基金会、境外基金会代表机构应当于每年3月31日前向登记管理机关报送上一年度工作报告，接受年度检查。年度工作报告在报送登记管理机关前应当经业务主管单位审查同意。

年度工作报告应当包括：财务会计报告、注册会计师审计报告，开展募捐、接受捐赠、提供资助等活动的情况以及人员和机构的变动情况等。

第三十七条　基金会应当接受税务、会计主管部门依法实施的税务监督和会计监督。

基金会在换届和更换法定代表人之前，应当进行财务审计。

第三十八条　基金会、境外基金会代表机构应当在通过登记管理机关的年度检查后，将年度工作报告在登记管理机关指定的媒体上公布，接受社会公众的查询、监督。

第三十九条　捐赠人有权向基金会查询捐赠财产的使用、管理情况，并提出意见和建议。对于捐赠人的查询，基金会应当及时如实答复。

基金会违反捐赠协议使用捐赠财产的，捐赠人有权要求基金会遵守捐赠协议或者向人民法院申请撤销捐赠行为、解除捐赠协议。

第六章　法律责任

第四十条　未经登记或者被撤销登记后以基金会、基金会分支机构、基金会代表机构或者境外基金会代表机构名义开展活动的，由登记管理机关予以取缔，没收非法财产并向社会公告。

第四十一条　基金会、基金会分支机构、基金会代表机构或者境外基金会代表机构有下列情形之一的，登记管理机关应当撤销登记：

（一）在申请登记时弄虚作假骗取登记的，或者自取得登记证书之日起 12 个月内未按章程规定开展活动的；

（二）符合注销条件，不按照本条例的规定办理注销登记仍继续开展活动的。

第四十二条　基金会、基金会分支机构、基金会代表机构或者境外基金会代表机构有下列情形之一的，由登记管理机关给予警告、责令停止活动；情节严重的，可以撤销登记：

（一）未按照章程规定的宗旨和公益活动的业务范围进行活动的；

（二）在填制会计凭证、登记会计账簿、编制财务会计报告中弄虚作假的；

（三）不按照规定办理变更登记的；

（四）未按照本条例的规定完成公益事业支出额度的；

（五）未按照本条例的规定接受年度检查，或者年度检查不合格的；

（六）不履行信息公布义务或者公布虚假信息的。

基金会、境外基金会代表机构有前款所列行为的，登记管理机关应当提请税务机关责令补交违法行为存续期间所享受的税收减免。

第四十三条 基金会理事会违反本条例和章程规定决策不当，致使基金会遭受财产损失的，参与决策的理事应当承担相应的赔偿责任。

基金会理事、监事以及专职工作人员私分、侵占、挪用基金会财产的，应当退还非法占用的财产；构成犯罪的，依法追究刑事责任。

第四十四条 基金会、境外基金会代表机构被责令停止活动的，由登记管理机关封存其登记证书、印章和财务凭证。

第四十五条 登记管理机关、业务主管单位工作人员滥用职权、玩忽职守、徇私舞弊，构成犯罪的，依法追究刑事责任；尚不构成犯罪的，依法给予行政处分或者纪律处分。

第七章 附 则

第四十六条 本条例所称境外基金会，是指在外国以及中华人民共和国香港特别行政区、澳门特别行政区和台湾地区合法成立的基金会。

第四十七条 基金会设立申请书、基金会年度工作报告的格式以及基金会章程范本，由国务院民政部门制订。

第四十八条 本条例自 2004 年 6 月 1 日起施行，1988 年 9 月 27 日国务院发布的《基金会管理办法》同时废止。

本条例施行前已经设立的基金会、境外基金会代表机构，应当自本条例施行之日起 6 个月内，按照本条例的规定申请换发登记证书。

附件4：

《取缔非法民间组织暂行办法》

中华人民共和国民政部令
第 21 号

《取缔非法民间组织暂行办法》已经 2000 年 4 月 6 日部务会议通过，现予发布，自发布之日起施行。

部长：多吉才让

二〇〇〇年四月十日

取缔非法民间组织暂行办法

第一条 为了维护社会稳定和国家安全，根据《社会团体登记管理条例》和《民办非企业单位登记管理暂行条例》及有关规定，制定本办法。

第二条 具有下列情形之一的属于非法民间组织：

（一）未经批准，擅自开展社会团体筹备活动的；

（二）未经登记，擅自以社会团体或者民办非企业单位名义进行活动的；

（三）被撤销登记后继续以社会团体或者民办非企业单位名义进行活动的。

第三条 社会团体和民办非企业单位登记管理机关（以下统称登记管理机关）负责对非法民间组织进行调查，收集有关证据，依法作出取缔决定，没收其非法财产。

第四条 取缔非法民间组织，由违法行为发生地的登记管理机关负责。

涉及两个以上同级登记管理机关的非法民间组织的取缔，由它们的共同上级登记管理机关负责，或者指定相关登记管理机关予以取缔。

对跨省（自治区、直辖市）活动的非法民间组织，由国务院民政部门负责取缔，或者指定相关登记管理机关予以取缔。

第五条 对非法民间组织，登记管理机关一经发现，应当及时进行调查，涉及有关部门职能的，应当及时向有关部门通报。

第六条 登记管理机关对非法民间组织进行调查时，执法人员不得少于两人，并应当出示证件。

第七条 登记管理机关对非法民间组织进行调查时，有关单位和个人应当如实反映情况，提供有关资料，不得拒绝、隐瞒、出具伪证。

第八条 登记管理机关依法调查非法民间组织时，对与案件有关的情况和资料，可以采取记录、复制、录音、录像、照相等手段取得证据。

在证据可能灭失或者以后难以取得的情况下，经登记管理机关负责人批准可以先行登记保存，并应当在七日内及时作出处理决定，在此期间，当事人或者有关人员不得销毁或者转移证据。

第九条 对经调查认定的非法民间组织，登记管理机关应当依法作出取缔决定，宣布该组织为非法，并予以公告。

第十条 非法民间组织被取缔后，登记管理机关依法没收的非法财物必须按照国家规定公开拍卖或者按照国家有关规定处理。

登记管理机关依法没收的违法所得和没收非法财物拍卖的款项，必须全部上缴国库。

第十一条 对被取缔的非法民间组织，登记管理机关应当收缴其印章、标识、资料、财务凭证等，并登记造册。

需要销毁的印章、资料等，应当经登记管理机关负责人批准，由两名以上执法人员监督销毁，并填写销毁清单。

　　第十二条　登记管理机关取缔非法民间组织后，应当按照档案管理的有关规定及时将有关档案材料立卷归档。

　　第十三条　非法民间组织被取缔后，继续开展活动的，登记管理机关应当及时通报有关部门共同查处。

　　第十四条　本办法自发布之日起施行。

附件 5：

财政部、民政部关于印发《中央财政支持社会组织参与社会服务项目资金使用管理办法》的通知

各省、自治区、直辖市、计划单列市财政厅（局）、民政厅（局），新疆生产建设兵团财务局、民政局：

　　为加强和规范中央财政支持社会组织参与社会服务项目资金的使用管理，提高资金使用效益，特制定《中央财政支持社会组织参与社会服务项目资金使用管理办法》。现印发给你们，请遵照执行。

财政部　民政部

2012 年 9 月 7 日

中央财政支持社会组织参与社会服务项目资金使用管理办法

　　第一条　为了加强中央财政支持社会组织参与社会服务项目资金的使用管理，提高资金的使用效益，根据财政专项资金管理的有关规定和部门预算管理的相关要求，制定本办法。

　　第二条　本办法所称社会组织是指在各级民政部门登记成立的社会团体、基金会和民办非企业单位。

　　第三条　本办法所称中央财政支持社会组织参与社会服务项目资金（以下简称项目资金）是指中央财政通过民政部部门预算安排的专项用于支持社会组织参与社会服务的补助资金。

　　第四条　项目资金用于以下方面：

　　（一）发展示范项目：资助西部地区困难社会组织必要的服

务设备购置和服务设施完善等，支持其提高经费保障水平，改善服务条件，增强开展公益慈善项目的能力。

（二）承接社会服务试点项目：资助规模较大、职能重要的全国性社会组织和具有较强区域辐射功能的社会组织承接社会救助、扶贫救灾、社会福利、社区服务等方面的社会服务。

（三）社会工作服务示范项目：资助符合条件的社会组织重点围绕城市流动人口、农村留守儿童、社区老年人、社区矫正人员、受灾群众等特殊群体的需求，开展困难救助、心理辅导、综合性社会支持网络构建等社会服务。

（四）人员培训示范项目：对社会组织负责人、业务工作人员进行法律法规、项目运作、业务技能、专业知识等方面的培训。

（五）根据社会管理工作需要，财政部、民政部确定的其他示范项目。

（六）项目评审、招投标、宣传、评估、研讨等方面支出。

第五条 民政部会同财政部根据中央财政当年社会组织参与社会服务项目预算安排、上年度项目进展等情况，研究制定项目年度实施方案，明确项目申报条件、资助标准、评审规程、资金拨付以及项目实施和监管要求等内容。项目年度实施方案应当向社会公布。

第六条 符合条件的社会组织可以按照项目年度实施方案要求申报相关项目。

全国性社会组织应当直接向民政部提出申请。

地方性社会组织应当向登记注册所在地民政部门提出申请，由地方各级民政部门逐级上报省、自治区、直辖市、计单列市民政部门。各省、自治区、直辖市、计划单列市民政部门对申报材料的真实性、合规性、可行性进行初审后，统一汇总报送民政部。

第七条 申报项目资金应当提供以下材料：

（一）项目申请报告。主要内容包括：社会组织基本信息、从事社会服务工作的情况、项目实施方案、项目预算安排以及当年申请中央财政补助资金规模等。

（二）经本级民政部门年检合格的登记证书、荣誉证书、评估等级证明等材料的复印件。

（三）民政部要求提供的其他材料。

第八条 民政部负责对各地报送的申请报告进行审核，并组织专家进行评审，确定中央财政支持的项目名单和补助金额，并按照部门预算管理规程及时拨付项目资金。

第九条 中央财政对有地方政府投入和社会资金资助的项目优先给予支持。

第十条 各项目单位应当按照"专款专用、单独核算、注重绩效"的原则，及时建立健全内控制度，加强对项目资金的管理，严格按照申报用途使用资金，加快项目预算执行进度，提高资金使用效益。

第十一条 民政部负责组织或委托有关机构对项目实施情况进行绩效考评，绩效考评结果作为以后年度项目评审和资金安排的参考因素。

第十二条 各项目单位应当自觉接受社会各界的监督，并积极配合有关部门做好审计、稽查等工作。

地方各级民政部门应当加强对本地区项目资金使用的监管，建立追踪问效机制，保证项目资金科学、合理、有效使用。

财政部、民政部应当不定期地对各地项目资金使用管理等情况进行检查。

第十三条 任何单位和个人不得骗取、截留、挤占、挪用项目资金。对违反规定使用项目资金的，依据《财政违法行为处罚处分条例》（国务院令第 427 号）等有关规定追究责任。

第十四条 本办法由财政部、民政部负责解释。

第十五条 本办法自发布之日起执行。

附件 6：

《社会组织评估管理办法》

中华人民共和国民政部令
第 39 号

《社会组织评估管理办法》已经 2010 年 12 月 20 日民政部部务会议通过，现予公布，自 2011 年 3 月 1 日起施行。

部长　李立国

2010 年 12 月 27 日

社会组织评估管理办法

第一章　总　则

第一条　为了规范社会组织评估工作，制定本办法。

第二条　本办法所称社会组织是指经各级人民政府民政部门登记注册的社会团体、基金会、民办非企业单位。

第三条　本办法所称社会组织评估，是指各级人民政府民政部门为依法实施社会组织监督管理职责，促进社会组织健康发展，依照规范的方法和程序，由评估机构根据评估标准，对社会组织进行客观、全面的评估，并作出评估等级结论。

第四条　社会组织评估工作应当坚持分级管理、分类评定、客观公正的原则，实行政府指导、社会参与、独立运作的工作机制。

第五条　各级人民政府民政部门按照登记管理权限，负责本级社会组织评估工作的领导，并对下一级人民政府民政部门社会组织评估工作进行指导。

第二章 评估对象和内容

第六条 申请参加评估的社会组织应当符合下列条件之一：

（一）取得社会团体、基金会或者民办非企业单位登记证书满两个年度，未参加过社会组织评估的；

（二）获得的评估等级满 5 年有效期的。

第七条 社会组织有下列情形之一的，评估机构不予评估：

（一）未参加上年度年度检查；

（二）上年度年度检查不合格或者连续 2 年基本合格；

（三）上年度受到有关政府部门行政处罚或者行政处罚尚未执行完毕；

（四）正在被有关政府部门或者司法机关立案调查；

（五）其他不符合评估条件的。

第八条 对社会组织评估，按照组织类型的不同，实行分类评估。

社会团体、基金会实行综合评估，评估内容包括基础条件、内部治理、工作绩效和社会评价。民办非企业单位实行规范化建设评估，评估内容包括基础条件、内部治理、业务活动和诚信建设、社会评价。

第三章 评估机构和职责

第九条 各级人民政府民政部门设立相应的社会组织评估委员会（以下简称评估委员会）和社会组织评估复核委员会（以下简称复核委员会），并负责对本级评估委员会和复核委员会的组织协调和监督管理。

第十条 评估委员会负责社会组织评估工作，负责制定评估实施方案、组建评估专家组、组织实施评估工作、作出评估等级结论并公示结果。

复核委员会负责社会组织评估的复核和对举报的裁定工作。

第十一条 评估委员会由 7 至 25 名委员组成，设主任 1 名、副主任若干名。复核委员会由 5 至 9 名委员组成，设主任 1 名、副主任 1 名。

评估委员会和复核委员会委员由有关政府部门、研究机构、社会组织、会计师事务所、律师事务所等单位推荐，民政部门聘任。

评估委员会和复核委员会委员聘任期 5 年。

第十二条 评估委员会和复核委员会委员应当具备下列条件：

（一）熟悉社会组织管理工作的法律法规和方针政策；

（二）在所从事的领域具有突出业绩和较高声誉；

（三）坚持原则，公正廉洁，忠于职守。

第十三条 评估委员会召开最终评估会议须有 2/3 以上委员出席。最终评估采取记名投票方式表决，评估结论须经全体委员半数以上通过。

第十四条 评估委员会可以下设办公室或者委托社会机构（以下简称评估办公室），负责评估委员会的日常工作。

第十五条 评估专家组负责对社会组织进行实地考察，并提出初步评估意见。

评估专家组由有关政府部门、研究机构、社会组织、会计师事务所、律师事务所等有关专业人员组成。

第四章 评估程序和方法

第十六条 社会组织评估工作依照下列程序进行：

（一）发布评估通知或者公告；

（二）审核社会组织参加评估资格；

（三）组织实地考察和提出初步评估意见；

（四）审核初步评估意见并确定评估等级；

（五）公示评估结果并向社会组织送达通知书；

（六）受理复核申请和举报；

（七）民政部门确认社会组织评估等级、发布公告，并向获得 3A 以上评估等级的社会组织颁发证书和牌匾。

第十七条 地方各级人民政府民政部门应当将获得 4A 以上评估等级的社会组织报上一级民政部门审核备案。省级人民政府民政部门应当在每年 12 月 31 日前，将本行政区域社会组织等级评估情况以及获得 5A 评估等级的社会组织名单上报民政部。

第十八条　评估期间，评估机构和评估专家有权要求参加评估的社会组织提供必要的文件和证明材料。参加评估的社会组织应当予以配合，如实提供有关情况和资料。

第五章　回避与复核

第十九条　评估委员会委员、复核委员会委员和评估专家有下列情形之一的，应当回避：

（一）与参加评估的社会组织有利害关系的；

（二）曾在参加评估的社会组织任职，离职不满 2 年的；

（三）与参加评估的社会组织有其他可能影响评估结果公正关系的。

参加评估的社会组织向评估办公室提出回避申请，评估办公室应当及时作出是否回避的决定。

第二十条　参加评估的社会组织对评估结果有异议的，可以在公示期内向评估办公室提出书面复核申请。

第二十一条　评估办公室对社会组织的复核申请和原始证明材料审核认定后，报复核委员会进行复核。

第二十二条　复核委员会应当充分听取评估专家代表的初步评估情况介绍和申请复核社会组织的陈述，确认复核材料，并以记名投票方式表决，复核结果须经全体委员半数以上通过。

第二十三条　复核委员会的复核决定，应当于作出决定之日起 15 日内，以书面形式通知申请复核的社会组织。

第二十四条　评估办公室受理举报后，应当认真核实，对情况属实的作出处理意见，报复核委员会裁定。裁定结果应当及时告知举报人，并通知有关社会组织。

第二十五条　评估委员会委员、复核委员会委员和评估专家应当实事求是、客观公正，遵守评估工作纪律。

第六章　评估等级管理

第二十六条　社会组织评估结果分为 5 个等级，由高至低依次为 5A 级（AAAAA）、4A 级（AAAA）、3A 级（AAA）、2A 级（AA）、1A 级（A）。

第二十七条 获得评估等级的社会组织在开展对外活动和宣传时，可以将评估等级证书作为信誉证明出示。评估等级牌匾应当悬挂在服务场所或者办公场所的明显位置，自觉接受社会监督。

第二十八条 社会组织评估等级有效期为 5 年。

获得 3A 以上评估等级的社会组织，可以优先接受政府职能转移，可以优先获得政府购买服务，可以优先获得政府奖励。

获得 3A 以上评估等级的基金会、慈善组织等公益性社会团体可以按照规定申请公益性捐赠税前扣除资格。

获得 4A 以上评估等级的社会组织在年度检查时，可以简化年度检查程序。

第二十九条 评估等级有效期满前 2 年，社会组织可以申请重新评估。

符合参加评估条件未申请参加评估或者评估等级有效期满后未再申请参加评估的社会组织，视为无评估等级。

第三十条 获得评估等级的社会组织有下列情形之一的，由民政部门作出降低评估等级的处理，情节严重的，作出取消评估等级的处理：

（一）评估中提供虚假情况和资料，或者与评估人员串通作弊，致使评估情况失实的；

（二）涂改、伪造、出租、出借评估等级证书，或者伪造、出租、出借评估等级牌匾的；

（三）连续 2 年年度检查基本合格的；

（四）上年度年度检查不合格或者上年度未参加年度检查的；

（五）受相关政府部门警告、罚款、没收非法所得、限期停止活动等行政处罚的；

（六）其他违反法律法规规定情形的。

第三十一条　被降低评估等级的社会组织在 2 年内不得提出评估申请，被取消评估等级的社会组织在 3 年内不得提出评估申请。

第三十二条　民政部门应当以书面形式将降低或者取消评估等级的决定，通知被处理的社会组织及其业务主管单位和政府相关部门，并向社会公告。

第三十三条　被取消评估等级的社会组织须在收到通知书之日起 15 日内将原评估等级证书、牌匾退回民政部门；被降低评估等级的社会组织须在收到通知书之日起 15 日内将评估等级证书、牌匾退回民政部门，换发相应的评估等级证书、牌匾。拒不退回（换）的，由民政部门公告作废。

第三十四条　评估委员会委员、复核委员会委员和评估专家在评估工作中未履行职责或者弄虚作假、徇私舞弊的，取消其委员或者专家资格。

第七章　附　　则

第三十五条　社会组织评估经费从民政部门社会组织管理工作经费中列支。不得向评估对象收取评估费用。

第三十六条　社会组织评估标准和内容、评估等级证书牌匾式样由民政部统一制定。

第三十七条　本办法自 2011 年 3 月 1 日起施行。

附件 7：

《基金会名称管理规定》

中华人民共和国民政部令
第 26 号

《基金会名称管理规定》已于 2004 年 6 月 7 日经民政部部务会议通过，现予公布施行。

部长　李学举

二○○四年六月二十一日

基金会名称管理规定

第一条　为了规范对基金会名称的管理，保护基金会的合法权益，根据《基金会管理条例》及有关法律、法规，制定本规定。

第二条　本规定适用于按照《基金会管理条例》设立的基金会。

第三条　基金会名称应当反映公益活动的业务范围。

基金会的名称应当依次包括字号、公益活动的业务范围，并以"基金会"字样结束。

公募基金会的名称可以不使用字号。

第四条　全国性公募基金会应当在名称中使用"中国"、"中华"、"全国"、"国家"等字样。非公募基金会不得使用上述字样。

地方性公募基金会和省、自治区、直辖市人民政府民政部门登记的非公募基金会应当冠以所在地的县级或县级以上行政区划名称。冠以省级以下行政区划名称的，可以同时冠以所在省、自治区、直辖市的名称。冠以市辖区名称的，应当同时冠以市的名称。

第五条 基金会的字号应当由 2 个以上的字组成。

基金会不得使用姓氏、县或县以上行政区划名称作为字号。

第六条 公募基金会的字号不得使用自然人姓名、法人或者其他组织的名称或者字号。

第七条 非公募基金会的字号可以使用自然人姓名、法人或其他组织的名称或者字号，但应当符合以下规定：

（一）使用自然人姓名、法人或者其他组织的名称或者字号，需经该自然人、法人或其他组织同意；

（二）不得使用曾因犯罪被判处剥夺政治权利的自然人的姓名；

（三）一般不使用党和国家领导人、老一辈革命家的姓名。

第八条 基金会使用已故名人的姓名作为字号，该名人必须是在相关公益领域内有重大贡献、在国际国内享有盛誉的杰出人物。

第九条 基金会名称应当使用符合国家规范的汉字。

在自治区人民政府民政部门登记的基金会，其名称可以同时使用本民族自治地方通用的民族文字。

基金会名称需译成外文使用的，应当按照文字翻译的原则翻译使用，不需报登记管理机关核准。

第十条 基金会名称不得含有下列内容和文字：

（一）有损于国家、社会公共利益的；

（二）可能对公众造成欺骗或者引起公众误解的；

（三）有迷信色彩的；

（四）外国国家（地区）名称、国际组织名称；

（五）政党名称、国家机关名称及部队番号；

（六）其他基金会的名称；

（七）外国文字、汉语拼音字母、数字；

（八）其他法律、行政法规规定禁止的。

第十一条　基金会不得使用下列名称：

（一）已被登记管理机关撤销登记，自撤销登记之日起未满3年的基金会的名称；

（二）已注销登记，自注销登记之日起未满3年的基金会的名称；

（三）已变更名称，自变更登记之日起未满1年的基金会的原名称。

第十二条　登记管理机关可以纠正已登记的不适宜的基金会名称。

第十三条　2个及2个以上申请人向同一登记管理机关申请登记相同的基金会名称，登记管理机关依照申请在先原则核定。

第十四条　基金会的分支机构、代表机构的名称应当冠以其所从属的基金会名称。

第十五条　境外基金会代表机构的名称应当依次由"基金会名称"、"驻在地名称"、"代表处（或办事处、联络处等）"组成。

"驻在地名称"是指境外基金会代表机构驻在地的县或县以上行政区划名称。

境外基金会名称中未表明其原始登记地（国家或地区）的，应在其代表机构名称前冠以原始登记地（国家或地区）的名称。

第十六条　本规定自2004年6月7日起施行。

附件8：

民政部关于印发《关于规范社会团体开展合作活动若干问题的规定》的通知

各省、自治区、直辖市民政厅（局），各计划单列市民政局，新疆生产建设兵团民政局：

根据《社会团体登记管理条例》等有关法规和政策规定，我部制定了《关于规范社会团体开展合作活动若干问题的规定》，现印发给你们，请遵照执行。

民政部

2012 年 9 月 27 日

关于规范社会团体开展合作活动若干问题的规定

第一条 为了进一步加强社会团体行为规范，维护社会团体正常活动秩序，规范社会团体开展合作活动，保护社会团体合法权益，制定本规定。

第二条 社会团体开展合作活动，是指社会团体作为独立法人与其他民事主体联合开展业务活动的行为。

第三条 社会团体开展合作活动，应当遵守相关法律法规和政策规定，符合章程规定的宗旨和业务范围，自觉接受登记管理机关、行业主管部门、有关职能部门的监督检查和社会监督。

第四条 社会团体开展合作活动，应当履行内部民主议事程序，根据章程规定和合作事项重要程度，分别提交会员大会（会员代表大会）、理事会（常务理事会）、会长办公会等讨论决定。

第五条　社会团体开展合作活动，应当签订书面合作协议，明确各方权利、义务，并切实履行职责。

第六条　社会团体开展合作活动，应当对合作方的资质、能力、信用等进行甄别考察，对合作协议内容认真审核，对合作项目全程监督。

第七条　社会团体开展合作活动，涉及使用本组织名称、标志的，应当在合作前对合作方进行必要的调查了解，并对合作内容做好风险评估。

社会团体同意合作方使用本组织名称、标志的，应当与对方签订授权使用协议，明确各方权利、义务和法律责任。

社会团体以"主办单位""协办单位""支持单位""参与单位""指导单位"等方式开展合作活动的，应当切实履行相关职责，加强对活动全程监管，不得以挂名方式参与合作。

社会团体将自身业务活动委托其他组织承办或者协办的，应当加强对所开展活动的主导和监督，不得向承办方或者协办方以任何形式收取费用。

第八条　社会团体不得将自身开展的经营服务性活动转包或者委托与社会团体负责人、分支机构负责人有直接利益关系的个人或者组织实施。

第九条　社会团体合作举办经济实体，应当经理事会研究讨论后提请会员大会（会员代表大会）表决通过，其经营范围应当与社会团体章程规定的宗旨和业务范围相适应。

社会团体应当在资产、机构、人员等方面与所举办经济实体分开，不得利用所举办经济实体向会员或者服务对象强制服务、强制收费。

社会团体和所举办经济实体之间发生经济往来，应当按照等价交换的原则收取价款、支付费用。

社会团体应当加强对所举办经济实体财务情况的监督，并定期向会员大会（会员代表大会）、理事会报告相关情况。

第十条　未经社会团体授权或者批准，社会团体分支机构

（代表机构）、专项基金管理机构不得与其他民事主体开展合作活动。经授权或者批准开展合作活动的，应当使用冠有所属社会团体名称的规范全称。

社会团体不得将其分支机构（代表机构）、专项基金管理机构委托其他组织运营。

社会团体不得向其分支机构（代表机构）、专项基金管理机构收取或者变相收取管理费用。

第十一条 社会团体与境外组织或者个人进行合作，应当遵守有关法律法规和外事管理规定。

第十二条 社会团体应当加强合作活动的财务管理，严格按照《中华人民共和国会计法》等法律法规以及《民间非营利组织会计制度》等规定，如实进行会计核算，将全部收支纳入单位法定账册。

第十三条 社会团体开展合作活动，还应当遵守以下规定：

（一）不得超出章程规定的宗旨和业务范围开展活动；

（二）不得以任何形式或者名义强制其他组织或者个人参加，不得强制收取相关费用；

（三）未经批准，不得举办评比达标表彰活动；

（四）与党政机关或者其他组织举办合作项目，应当事先征得合作方同意；

（五）利用党政机关领导干部个人名义进行宣传，应当征得本人同意。

第十四条 社会团体在接受年度检查时，应当向登记管理机关报告上一年度开展合作活动的情况。

附件9：

民政部关于印发《社会团体设立专项基金管理机构暂行规定》的通知

各省、自治区、直辖市民政厅（局），各计划单列市民政局，新疆生产建设兵团民政局：

　　现将《社会团体设立专项基金管理机构暂行规定》印发给你们，请结合本地区实际情况认真贯彻执行。

民政部

一九九九年九月十七日

社会团体设立专项基金管理机构暂行规定

　　第一条　为了加强对社会团体设立专项基金管理机构的管理，更好地发挥社会团体专项基金的使用效益，根据《社会团体登记管理条例》及国家有关规定，制定本规定。

　　第二条　本规定适用于经各级社会团体登记管理机关（以下简称登记管理机关）登记的社会团体（基金会除外）。

　　第三条　社会团体专项基金是指社会团体利用政府部门资助、国内外社会组织及个人定向捐赠、社会团体自有资金设立的，专门用于资助符合社会团体宗旨、业务范围的某一项事业的基金。

　　第四条　全国性社会团体专项基金总额超过100万元人民币（含100万元或等值外汇），地方性社会团体专项基金总额超过50万元人民币（含50万元或等值外汇）的，应当到社会团体登记管理机关申请设立专项基金管理机构。

　　第五条　社会团体设立专项基金管理机构应当向登记管理机关提出申请，经批准后方可设立。社会团体申请设立专项基金管理机构应当向登记管理机关提交以下材料：

　　（一）设立专项基金管理机构申请报告；

　　（二）政府部门资助的有关文件、社会组织或个人捐赠的意向书（内容应包括：资助或捐赠意愿、资金数额、使用要求等）；

　　（三）有关业务主管单位审查同意的文件（接收国外捐赠的资金还应有有关部门批准的文件）；

　　（四）社会团体理事会或常务理事会审议通过设立专项基金管理机构的会议纪要；

　　（五）专项基金管理办法（内容应包括：明确的宗旨和任务、基金的来源、使用方向及管理）；

　　（六）社会审计机构的验资报告；

　　（七）机构负责人简历。

　　第六条　登记管理机关对申请成立专项基金管理机构的，经审查，符合本规定第四条规定的条件，且具备本规定第五条所要求的材料的，可准予登记，发给登记证明文件。

　　对不符合上述条件或材料不具备的，不予登记。

　　第七条　经登记管理机关登记的社会团体专项基金管理机构，由登记管理机关出具证明，办理刻制印章事宜。

　　第八条　专项基金管理机构是社会团体的分支机构，不具备独立的法人资格，应当在其所归属的社会团体的领导下开展活动，接受该社会团体的监督和管理。专项基金管理机构的名称前应冠以该社会团体的名称。

　　第九条　社会团体专项基金管理机构不得以任何形式向社会募集资金，其基金应纳入社会团体的财务统一管理。社会团体专项基金应当专款专用，不得超出其专项基金管理办法规定的使用范围，不得用于其他任何形式的经营性投资。社会团体专项基金可以将资金存入金融机构收取利息，也可以购买国债，但不得用于购买企业债券、股票、投资基金。

第十条　社会团体专项基金管理机构的管理成本费用可以在专项基金中列支，但应当控制在合理的范围内。专项基金增值部分，应当纳入到社会团体专项基金财务帐上统一管理使用。

第十一条　社会团体专项基金应当实行独立会计核算，并编制单独的财务报表。专项基金管理机构编制的专项基金年度预算、决算报告，要报经社会团体理事会或常务理事会审议批准。

第十二条　社会团体应当在年检时向业务主管单位和登记管理机关报送专项基金财务报表。专项基金来源于捐赠、资助的，应当根据资助、捐赠人的要求，定期向其通报专项基金使用情况和提供相应的会计资料。

第十三条　社会团体应当接受登记管理机关组织的对其专项基金管理机构的专门审计。社会团体专项基金来源于政府部门资助的，应当按照有关规定接受财政、审计部门的监督。社会团体专项基金管理机构的负责人离任应当按照有关规定接受社会审计机构的审计。

第十四条　社会团体擅自设立专项基金管理机构的，或者社会团体专项基金管理机构在业务活动中违反国家有关法律法规及本规定，并造成不良后果的，登记管理机关根据《社会团体登记管理条例》第三十三条第一款第（五）项规定对其所属于的社会团体做出行政处罚。

第十五条　登记管理机关作出撤销社会团体专项基金管理机构决定的，由社会审计机构对该专项基金进行财务审计，社会审计机构要将审计结果报告社会团体业务主管单位和登记管理机关。

专项基金中未使用的部分原则上由本社会团体继续使用，但社会团体应当将使用情况报业务主管单位和登记管理机关备案。

社会团体应当将专项基金审计情况和专项基金继续使用情况通报给可确定的捐赠人。

第十六条　登记管理机关撤销社会团体专项基金管理机构

的，应向该社会团体发出撤销通知书，并同时收缴被撤销的专项基金管理机构的登记证明文件和印章。

第十七条 社会团体在其专项基金的特定用途发生变化，或使用完结后的 60 日内，应持社会团体的申请报告、社团理事会或常务理事会审议通过的会议纪要、社会审计机构的审计报告、业务主管单位审查同意的文件，到登记管理机关办理社会团体专项基金管理机构注销登记。登记管理机关准予注销登记的，发给注销证明文件，收回该专项基金管理机构的登记证明文件和印章。

第十八条 本规定自一九九九年九月十七日起实行。